설득이 필요한 순간
moment of persuasion

> 같은 이야기도 그 사람이 말하면 왜 다를까?
> 업계 최고 프레젠터가 전하는 설득의 기술

Chapter 1   카메라를 등지고

프레젠터, 그런 직업도 있어요?	12
방송국에서 배운 프레젠터의 첫걸음	15
PT 자료준비, 현장에 답이 있다	18
3분짜리 방송을 만든다는 마음으로	21
첫 생방송보다 떨렸던 면접	26
과정만큼 중요한 건 결과다	29
프레젠터로 가기 위한 3가지 질문	33

Chapter 2 포인터를 손에 쥐고

더 나은 프레젠테이션을 위한 지름길	40
해봐야 알 수 있는 것들	44
배워서 나 준다	51
디테일이 성과를 만든다	56
프레젠터 외에는 아무도 말할 수 없습니다	66
기억에 남는 PT를 하고 싶다면, 청중을 분석하라!	75
무대 체질은 타고난 체질이 아니라 연습의 결과물이다	83
진짜 경기는 9회 말부터 시작이다	93
즐겨야 이길 수 있다	96
좋은 심사위원만 있을 거라는 착각	99
집중력은 프레젠터의 몫이다	107
언제나 파도가 있기 마련이다	113
힘을 낼 수 있는 것 또한 사람 덕분이다	124
기억에 남아야 승리할 수 있다	127
모든 승리는 마음가짐에 달렸다	131
우리에게 필요한 것은 덜어내기(-) 이다	138
비대면에 대처하는 자세	142
패배라 쓰고 경험이라 읽는다	148
성취감, 오늘을 버티게 해주는 힘	156

Chapter 2-1 설득의 기술

나는 어떤 말을 하는 사람인가   162

팔리는 말하기의 비밀 - 1) 살려야 한다   167

팔리는 말하기의 비밀 - 2) 키워드는 '미래'와 '걱정'이다   175

팔리는 말하기의 비밀 - 3) 걱정은 넣어두세요   183

팔리는 말하기의 비밀 - 4) 신빙성의 키   188

최고의 설득은 경청이다   191

Chapter 3 내일도 무대에 서서

정규직과 프리랜서 사이	204
프레젠터의 숙명	207
프레젠터여서 다행이다	214
좋은 프레젠터가 되기 위한 5가지 조언	220
프레젠터의 또 다른 이름	226
PT는 계속 되어야한다	229

프롤로그	8
에필로그	234

프롤로그

방송국 생활에 마침표를 찍고 프레젠터라는 새로운 시작을 결심했을 때, 나는 큰 두려움을 가지고 있었다. 해보지 않은 길이기도 했고 직업 자체도 생소했기 때문이다. 어떻게 해야 하는지, 어떤 식으로 PT(프레젠테이션)를 해야 잘하는 건지 누군가에게 조언을 듣고 싶었지만 쉽지 않았다. 그래서 그간 겪어온 시간을 바탕으로 프레젠터를 꿈꾸거나 혹은 PT를 많이 하는 업을 가진 사람들에게 지침이 될 수 있는 내용을 직접 책에 담기로 결심했다.

총 3개의 장으로 이뤄진 이 책은 내가 잘해서 모든 평가에서 우위를 점하고, 모든 것을 수주하는 신화적인 이야기를 담은 책이 아니다. 프레젠터로 일하는 동안 마주했던 크고 작은 설득의 순간들을 떠올리며 지난 7년간의 경험을 담은 에세이 실용서이다.

최선을 다했지만 결과가 좋지 않았던 순간, 결과를 알면서도 최선을 다해 싸웠던 순간 등 무대에 서며 느꼈던 수많은 희로애락과 설득력 있는 PT를 하기 위해 알아두면 좋은 다양한 노하우를 담았다.

이 책이 누군가에게는 따뜻한 위로가, 누군가에게는 나도 해볼 수 있다는 동기부여로 와 닿기를 바란다.

인생은 도전의 연속이고, 하나의 마침표를 찍으면 또 다른 새로운 문이 열린다.

Chapter 1
카메라를 등지고

> ## 새로운 도전을 택하며
>
> 첫 번째 장에서는 새로운 직업을 선택하게 된 계기에서부터
> 전문 프레젠터가 되기까지의 이야기가 담겨 있다.
> 지원 방법과 각 전형 별로 진행되는 면접 방식 등,
> 최종 합격이 되기까지의 과정들이
> 생생하게 기록되어 있는 챕터이다.

프레젠터, 그런 직업도 있어요?

지인으로부터 괜찮은 사람을 추천해달라는 연락을 받았다며 친한 언니가 연락을 해왔다. 프레젠터라는 직업을 추천받았는데, 기업에서 입찰이 뜨면 PT(프레젠테이션)평가 때 발표하는 직업이라고 했다. 조금 생소한 직업이라 낯설게 느껴지면서도 발표를 도맡아 해주는 직업이 있다는 사실에 세상에는 참 많은 직업이 있다는 생각이 들기도 했다.

"언니, 그런 직업이 있어요? 신기하다."
"뉴스에서 입찰 떠워서 사업권을 수주했다는 내용들 나오잖아, 그럴 때 프레젠테이션이 있으면 가서 회사소개도 하고 발표하는 업무인가 봐. 식품기업이라 식음시설 입찰을 많이 한대."

언니에게 현재 채용 중인 회사에 대한 간략한 정보와 앞으로 맡게 될 업무에 관한 이야기를 들었고, 현재 일하고 있는 분의 연락처도 건네받았다. 프리랜서 방송인으로 일하며 고용 환경에 대한 불안함이 있던 시기에 큰 규모의 회사 정규직이라니. 말로 하는 직업은 대부분 프리랜서로 일하게 되는 건 줄 알았는데 어딘가 소속돼 일을 할 수 있다니 그것만으로도 기분이 좋았다. 그리고 미래를 내다봤을 때 지금까지 내가 해왔던 일에서 새롭게 나의 능력을 확장시킬 수 있는 분야란 생각도 들었다. 용기를 내

현직에 계신 분과 통화를 해보기로 결심했다.

그러나 오랜 통화 끝에 내가 내린 결론은 '쉽지 않겠다.'였다. PT만 하는 것이 아니라 한 지역을 맡아 영업 활동까지 겸해야 하는 업무였기 때문이었다. 긍정적인 면만 바라봤던 것과는 달리 '잘 해낼 수 있을까?' 하는 두려움이 크게 다가왔다. 한 번 피어난 부정적인 생각이 꼬리에 꼬리를 물었고, '도전하지 말까'하는 생각이 들 때쯤 나는 다시 마음을 다잡고 평소에 되뇌는 마법 같은 문장을 떠올렸다. 내가 주춤거리고 머뭇거릴 때 떠올리는 말, "하기도 전에 겁먹는 게 어딨어, 해봤어?"

이 말은 정말 생각만으로도 에너지가 생기는 마법 같은 문장이다.

'그래, 부딪혀 보기 전에는 알 수 없고 다른 사람들의 경험담이 나한테도 그럴 거라는 보장도 없어. 걱정하는 마음 대신 설레는 마음을 가져보자.'

모든 두려움을 뒤로하고 나는 새로운 도전을 택하기로 했다.

방송국에서 배운 프레젠터의 첫걸음

도전을 결심한 이후부터 나는 프레젠터는 어떤 직무인지, 내가 지금까지 쌓아온 방송 이력을 프레젠테이션이라는 분야에 어떻게 녹여낼 수 있을지 고민했다. 고민 끝에 방송과 프레젠테이션은 전달하는 대상이 눈앞에 있느냐 없느냐의 차이가 있을 뿐, 두 분야 모두 듣는 사람이 공감하는 이야기를 해야 한다는 공통점이 있었다. 그래서 듣는 사람을 위한 말하기가 무엇인지, 상대방이 공감하는 이야기는 무엇인지 알게 해 준 취재 리포터 경험을 녹여 서류를 작성하기로 했다.

처음 방송국에 들어와 시사 프로그램 취재를 할 때, 나는 내가 하고 싶은 이야기가 재밌는 이야기일 거라는 생각으로 코너를 구성했다. 하지만 '청취자들이 듣고 싶어 하는 이야기가 무엇인지 고민하는 것이 가장 중요하다.'라는 국장님의 조언 덕분에 금방 잘못된 생각임을 깨달았다. 국장님의 조언을 오랜 시간 고민했다.

어떤 아이템은 청취자가 궁금해할 이야기이지만 주제가 너무 무거웠고, 또 다른 아이템은 접근하기 쉬운 주제지만 청취자들 반응이 아쉬울 것 같았다. 대체 어떤 이야기를 해야 하는 걸까? 고민하던 차에 불현듯 떠오른 생각이 있었다. 듣는 사람들에게 직접 물어보면 되는 거 아닐까? 그래서 나는 방송이 끝난 뒤 청취자 연령대와 비슷한 분들에게 요즘 어떤 부분을 궁금해하는지, 어떤 기사를 자주 보는지 간략한 조사를 진행했고 생각지 못한 답을 들을 수 있었다. 그렇게 노력하다 보니 어느덧 코너 구성에 감이 잡혔고 그대로 아이템 선정에서부터 섭외, 원고 작성까지 순탄하게 진행할 수 있었다. 국장님과 청취자들로부터의 좋은 평가와 동시에 진정성 있는 말하기를 하기 위해서는 듣는 사람을 고려해야 한다는 걸 깨달았다. 상대방이 중심이 되어야 한다는 것. PT도 마찬가지라고 생각한다.

  그래서 나는 2년 가까이 시사 프로그램 취재를 통해 배웠던 경험을 기반으로 프레젠터 지원서를 작성했다.

"단순한 정보 전달에 그치지 않고, 경쟁의 순간 우리 이야기에 귀 기울이고 공감할 수 있도록 만드는 프레젠터가 되겠습니다."

PT 자료준비, 현장에 답이 있다

공감하도록 만드는 프레젠터가 되겠다며 포부를 내비쳤던 자기소개서가 좋은 답으로 돌아왔다. 2차 면접을 준비하라는 연락이었다. 2차 면접은 식음 업계와 관련된 자유 주제로 PT시연을 해야 하는 전형이었다. PT준비를 위해 식음 트렌드라는 키워드로 인터넷에 정보를 찾아보고 도서관에 가서 식음 업과 관련된 책도 보며 자료를 정리했다. 그런데 정리한 자료는 대부분 이론적인 이야기들만 나열되어있어 뭔가 답답하고 부족한 느낌이 들었다. 결국 자료를 덮고 나갈 채비를 했다. 방송을 준비할 때도 자료를 수집하다가 답답한 기분이 들면 무조건 현장에 가서 시간을 보냈다. 그러면 물음표로 남아있던 질문들이 느낌표로 바뀌었고, 더 많은 이야기가 담긴 방송을 할 수 있었다. 그래서 이번에도 지금까지 찾은 정보만을 가지고 현장으로 향했다.

1인 가구가 늘어나면서 식음 업계에서도 변화가 일어나고 있다는 정보를 토대로 지역 내 식음 매장을 찾았는데 정말로 예전에는 없었던 공간들이 새롭게 조성되어 있었다. 매장 사장님을 만나 예전과 달라진 부분과 새롭게 공간을 만든 이유는 무엇인지 질문하며 이야기를 나눴다. 사장님께서는 1인 가구 트렌드에 따라 1인석을 배치한 것이 아니라 매장 구조상 공간 활용을 위해 조성했는데 오히려 덕을 보고 있다면서 확실히 1인 손님들도 많아졌다는 말씀을 해주셨다. 생생한 현장 이야기를 들으면서 트렌드에 변화가 생기고 있다는 걸 알게 되었다. 지금까지 수집한 자료에 현장의 목소리만 추가했을 뿐인데 자료들이 이전보다 훨씬 더 생생해진 느낌이 들었고, 무엇보다 스스로 자신감이 생겼다. 역시나 모든 것은 현장에 답이 있고, 진정성 있는 이야기는 손품이 아닌 발품 들여 만든 이야기라는 것을 다시금 느끼게 된 날이었다. 이제 온라인과 오프라인에서 얻은 이야기를 PT 자료에 잘 담아내기만 하면 되는데, 또 하나의 난관이 나를 기다리고 있었다.

3분짜리 방송을 만든다는 마음으로

'누가 그랬지, 끝날 때까지 끝난 게 아니라고.'

 현장에 다녀와서 일사천리로 일이 진행될 거 같았는데 평소 안 해본 일이어서인지 어려움이 계속 생겼다. 누구에게 조언이라도 구할 수 있다면 좋을 텐데 왜 이리 막히는 것들이 많은지, 시작도 전에 지치는 기분이었다. 대학교 졸업 이후 처음 만져보는 파워포인트부터, 취합한 자료는 어떻게 시작하고 어디서부터 손을 대야 할지 막막한 시간이 이어졌다. 안 되는 걸 붙잡고 있어서 뭐 하겠나 싶어 당장 다음 주에 해야 하는 방송 기획안 파일을 열었다. 그런데 이상하게 코너 구성을 하려고 하니 마음이 편안해졌고 순간 아이디어가 떠올랐다.

'아, 이거다!'

 PT를 심사위원에게 보여주는 방송이라 생각하고 기획한다면 어떨까? 평소 해보지 않았던 PT자료라고 생각할 땐 막막했던 마음이 심사위원에게 보여주는 하나의 짧은 방송이라 생각하니 술술 그림이 그려졌다. 시작은 어떻게 해야 할지부터 자료 배치까지, 하나둘 문제가 풀리기 시작했다.

1인이라는 포인트에 맞춰 자료를 준비했기 때문에 첫 시작은 숫자에 포커스를 맞춰 집중할 수 있도록 구성했고 중간에는 증가하는 1인 가구의 통계치와 현재 식음 업계 트렌드, 식음 업계가 변하고 있는 방향성을 배치하기로 했다. 거기에 현장에서 알아냈던 이야기들을 종합해 멘트를 덧붙였더니 꽤 괜찮은 PT자료가 만들어졌다. 3분 PT 자료로 생각할 때는 한 문장 쓰기도 어려웠는데 3분 방송이라 생각하니 10분도 안 되어 순식간에 자료 구성을 마칠 수 있었다. 다른 결을 가진 일이라 생각했는데 경험은 어떤 형식으로든 이어지고 자산이 된다는 걸 느낀 순간이었다.

useful tip

 누군가에게는 쉬운 일일 수 있지만, 몇 년 전 내가 그랬듯 PT자료를 구성하는 데 익숙지 않은 독자들을 위해 도움이 될 수 있는 TIP을 정리해보았다.

"아날로그로 돌아가자."

 PT자료를 만들 때는 노트북, 태블릿, 휴대폰 대신 손으로 직접 써 내려가는 것을 추천한다. 먼저, 종이를 펼쳐 놓고 그 위에 자료 내용과 아이디어를 떠오르는 대로 작성하면서 전체 내용을 설계한다. 이때 디자인이 필요한 부분이 있다면 그림도 같이 그려두자. 그렇게 종이 위에 내용과 생각을 정리하다 보면 갑자기 아이디어가 떠오르는 경우가 있는데, 종이에 작업을 하게 되면 빠르게 기록을 남겨놓을 수 있다는 큰 장점이 있다. 좋은 아이디어일수록 머릿속에서 빠르게 사라지기 때문에 손은 머리보다 항상 빠르다는 것을 기억하고 손으로 PT자료를 구성하자. 나만 알아볼 수 있을 정도의 필체와 그림체여도 괜찮다. 중요한 건 속도다.

 그 후, 장표마다 주요 키워드를 뽑아 분류하고 순서를 배치한다. 이때는 포스트잇 사용을 추천한다. 키워드가 적힌 포스트잇을 자유자재로 이동시키다 보면 자연스럽게 순서를 잡을 수 있을 뿐 아니라 새롭게 추가되는 내용이 있더라도 쉽게 추가해 적용할 수 있다.

이제는 마지막 단계만이 남았다. 가장 중요한 스토리를 잡을 차례이다. 위에서 만들어진 자료를 토대로 처음 시작과 끝은 어떻게 할지, 중간 중간 이어지는 흐름은 어떻게 잡을지 등 구체적인 이야기를 더하는 것이다. PT할 산업과 목적에 따른 기사, 잡지, 칼럼 등을 참고하면 수월하게 이야기 흐름을 잡아갈 수 있다. 특히 공신력 있는 전문가의 의견이나 기사 통계치를 활용하면 더 신뢰감 있는 자료가 완성된다.

 파워포인트는 나중에 켜도 늦지 않다. 손으로 직접 써 내려가는 아날로그로 차별화된 PT자료를 구상해보자.

첫 생방송보다 떨렸던 면접

방송일과 면접 날짜가 겹치면 어쩌나 하며 조마조마하고 있던 찰나에, 다행히 방송이 끝난 이후 면접이 시작된다는 메시지를 받았다. 드디어 면접 날이 다가왔고, 방송을 마치고 도착한 면접 장소에는 꽤 많은 인원이 모여 있었다. 오랜만에 보는 면접인데다 대기하는 인원들을 보니 더욱 긴장되었지만 내 자리라면 될 것이고, 아니라면 내 자리가 아닐 것이라는 자기 합리화를 하며 차례를 기다렸다. PT자료를 한 번 더 볼까 말까 고민하던 중 내 이름이 호명되어 들어간 면접장에는 네 분이 앉아계셨다. 프레젠터 직무인 만큼 곧바로 PT 시연을 요청하셨는데 갑자기 가슴이 두근거리기 시작했다. 카메라 앞에서 처음 생방송 할 때도 떨지 않았는데 가슴이 뛰고 입이 바짝바짝 말라가는 게 느껴졌다.

감정을 느낄 수 없는 카메라를 보며 전달하다가 사람을 대상으로 뭔가를 전달하려고 하니 긴장된 마음을 잡기가 쉽지 않았다. '내 이야기를 듣는 사람이 눈앞에 있는 것과 없는 것이 이렇게 차이 나는구나. 모르겠다. 방송이라 생각하자!'라며 이내 마음을 다잡고 PT를 시작했다. 입으로는 PT를 하면서도 머리로는 '내 이야기가 지루한가? 뭘 잘못 말한 건가?' 하는 생각을 계속했다. 지금 생각해보면 집중해서 들어주신 거였는데 당시 긴장한 나로선 내가 무언가 잘못 말하고 있다는 생각만 들 뿐이었다. 면접을 보면서 프레젠터는 청중의 감정에 많은 영향을 받는 직무임을 느꼈고, 이 부분을 극복하지 못하면 앞으로 제대로 된 프레젠터가 될 수 없겠다는 생각이 들었다.

 솔직히 어떻게 면접이 끝났는지 기억나지 않는다. 분명 무슨 말을 했는데 어떤 말을 했는지 기억나지 않았고, 어디선가 서로 웃으며 이야기를 나눴는데 그 질문이 뭐였는지 기억나지 않았다. 오랜만에 느껴보는 떨림이 당황스러웠지만 동시에 이 직무가 재밌을 거라는 기대감도 생겼다. 떨렸다는 것은 잘 해내고 싶었다는 거고, 그 떨림이 좋았다는 것은 잘 해낼 수 있다는 스스로에 대한 자신감이 있다는 거니까. 이제 합격까지 마지막 임원 면접만이 남았다. 임원 면접에서는 대체 얼마나 긴장할지 상상도 안 되지만 오늘 겪어봤으니 이제는 그 떨림도 즐길 수 있지 않을까 생각해본다. 만약 안 되더라도 나는 지금의 내 자리에서 또 최선을 다하면 된다. 그러니까 어떤 결과가 되었든 모든 것이 괜찮을 것이다.

과정만큼 중요한 건 결과다

실무 면접을 본 이후, 이번 면접 준비에 최선을 다했는가를 떠올리다 MBC에서 일하던 날이 생각났다. 아침 생방송 프로그램에서 주간 뉴스를 전하는 코너를 맡았을 때, 나는 충분히 준비한다고 했지만 결과가 좋지 않아 호되게 혼났던 날의 이야기이다.

MBC 생방송 〈아침이 좋다〉 주간 뉴스브리핑 준비는 다른 코너보다 마음이 더 바쁘다. 아침 일찍 나와 자막이 잘 들어갔는지, 영상은 어떤 것이 들어갔는지 확인해야 하기 때문이다. 그리고 무엇보다 제일 중요한 부분은 영상과 함께 말을 맞춰야 한다는 것이다. 송출되는 영상과 멘트가 잘 맞게끔 말로 연습해보고 영상이 길 땐 문장을 추가해 길이를 맞추는 작업이 필요한데, 이를 위해 나는 남들보다 40분은 더 일찍 출근하곤 했다. '대충 맞춰서 할 수 있겠지!' 하는 마음이 들 수도 있지만 절대 대충할 수 없는 일이었다. 대충하는 순간 방송 사고로 이어지기 때문이다. 그날 역시 일찍 출근해 쭉 맞춰보고 편한 마음으로 메이크업을 받고 생방송에 들어갔다. 그런데 문제가 생겼다. 마지막 꼭지에서 나를 비추던 화면이 영상으로 넘어가고 기사를 읽는데, 기사 내용과 영상이 맞지 않기 시작했다. 순간 '망했다….'란 생각이 머릿속에 스쳤다. 해당 기사를 서치하면서 봤던 자료를 그 자리에서 추가해 말을 이어갔지만 한 번 틀어진 타이밍을 맞추기는 쉽지 않았다.

'진짜 망했다….'

가까스로 마무리를 지으며 방송을 끝냈다. 선배들은 "그 정도면 잘 대처한거야."라며 위로를 해주셨지만, 나는 "아 그렇죠? 맞아요."가 안 되는 사람이었다. 나는 분명히 실수했고 내가 해야 할 몫을 해내지 못했다. 부장님의 호출이 이어졌고 나는 정말 크게 혼이 났다. '분명히 아침에 확인했는데…'라고 얘기해볼까 했지만 그럴 수 없었다. 나는 해내지 못했으니까. 마지막으로 부장님께서 인생 선배로서 해주셨던 조언과 충고에 결국 나는 울음을 터뜨렸다. 정말 나를 아끼는 사람이기에 해줄 수 있는 말과 마음이었다. 프레젠터로 일하는 지금도 나태한 마음이 들 때면 그날 부장님의 조언을 떠올리곤 한다. 부장님이 내게 해주신 말씀은 이러했다.

"미건아, 너는 오늘 실수를 했지만 당황하지 않고 잘 대처했어. 그리고 너는 지금껏 누구보다 성실하게 잘해왔고, 내가 그걸 모를 리 없다. 그런데 미건아, 사람들은 네가 열심히 한 과정만큼 결과도 중요하게 생각해. 오늘 네가 아침부터 힘들게 준비하고 연습했던 그 시간이 오늘 결과로 판단된다고. 그래서 과정만큼 결과가 중요한 거야.

 준비가 완벽해서 이제 보여주기만 하면 된다는 마음이 생기는 순간, 편해진 마음 때문에 결과가 달라질 수 있어. 미건아, 너는 앞으로도 결과를 보여줘야 하는 직업을 할 테니까 이걸 꼭 기억해."

 그날 이후 일하면서 '이만하면 됐겠지.'하는 마음이 들 때마다 부장님의 말을 떠올렸고, 결과에 후회 없도록 최선을 다하는 사람이 될 수 있었다. 앞으로도 나는 과정만큼 결과도 좋은, 결과로 증명해내는 프레젠터가 되고 싶다.

프레젠터로 가기 위한 3가지 질문

이제는 진짜 마지막 단계인 임원 면접만이 남았다. 이날은 자기 합리화를 많이 한 덕분인지 오히려 마음이 편안했다. 분위기는 지난번보다 훨씬 무거웠지만 이상하리만치 덤덤한 마음으로 면접 장소에 들어갔다. 임원 면접에서 내가 받은 질문은 세 가지였고, 첫 번째 질문은 '방송국이 더 좋을 텐데 왜 그만두려 하는지'였다. 그 질문에 나는 이렇게 답했다.

"방송은 제가 잘하고 가장 좋아하는 일 중 하나이지만 요즘 들어 안정성에 대한 고민을 많이 했습니다. 그러던 차에 좋은 기회가 왔고 지금까지 쌓아온 이력을 살리면서 제 능력을 펼칠 수 있는 분야라고 생각해 지원했습니다."

두 번째는 '프레젠터로서 중요하다고 생각하는 부분은 무엇인가'에 대한 질문이었고 이 질문엔 이러한 답변을 했다.

"지원서에 작성했던 것처럼 공감이 중요하다고 생각합니다. A는 A고 1+1=2라는 단순한 전달이 아니라 듣는 사람이 공감할 수 있는 이야기로 풀어가는 게 프레젠터의 주요 덕목이라고 생각합니다."

마지막으로 하고 싶은 말을 해보라고 하셨을 때, 이렇게 답변했다.

"확실하게 성과를 내는 사람이 되고 싶고 그렇게 꼭 만들겠습니다."

나중에 들은 얘기지만 4명이 함께 들어간 임원 면접 자리에서 다들 긴장한 게 눈에 보이는데 나 혼자 떨지 않고 또박또박 대답하는 모습을 보고 아주 당차다고 생각하셨다고 한다. 내가 당찬 모습으로 면접에 임할 수 있었던 이유는 마음가짐에 있었다. '잘해야겠다'보다 '어떻게든 되겠지!' 하는 마음이 오히려 나를 더 편하게 만들어줬고 준비한 것들을 더 잘 전달할 수 있도록 만들어주었다.

그렇게 나는 전문 프레젠터라는 새로운 직업을 가지게 됐다. 제대로 경험해보지 못한 회사 생활에 대한 긴장감은 있지만 새로운 일을 배울 수 있다는 기대감도 있다. 언제나 그랬듯이 성실하게 열심히, 그리고 함께하는 사람들의 고마움을 잊지 않으며 성장하는 프레젠터가 되고 싶다. 나는 꼭 잘 해낼 테니까.

"사람은 누구나
자신이 할 수 있다고 생각하는 그 이상의 일을 할 수 있다."

-헨리포드

Chapter 2
포인터를 손에 쥐고

> ## 7년차 프레젠터가 되어
>
> 두 번째 장에서는 무대포 정신으로 부딪히며 경험했던
> 첫 PT를 시작으로, 7년간 PT를 진행하며 현장 속에서 얻은
> 실전 노하우와 PT 현장 이야기가 담겨있다.
>
> 실질적으로 PT를 많이 하거나
> 혹은 누군가에게 설득해야 하는 일을
> 직업으로 가지고 있는 분들에게 도움이 될 수 있는 챕터이다.

더 나은 프레젠테이션을 위한 지름길

회사생활에 잘 적응할 수 있을까 걱정했던 모습이 무색하게 누구보다 빠르게 회사생활에 적응했고, 드디어 첫 PT를 하게 되었다. 대기실에서 PT 순서를 기다리며 마음속으로 '주눅 드는 순간 끝이다, 씩씩하고 당당하게 하고 오자.'라는 말을 계속 되뇌었다. 그런데 가는 날이 장날이라고 PT는 시작부터 순조롭지 않았다. 우리가 준비한 자료 버퍼링이 너무 심해 포인터를 눌러도 넘어가지 않았고, 연달아 포인터를 누른 탓에 한 번에 두 장의 자료가 넘어가기 시작한 것이다. 그 순간 나는 "오늘 발표 저희한테 중요한 거 노트북도 아나 봐요. 노트북도 그래서 긴장한 거 같은데 잠시만요~"라고 얘기했고 눈치 빠른 우리 팀 대리님은 그 틈을 놓치지 않고 자료를 다시 재부팅 시켰다. 길다면 길고 짧다면 짧은 15분의 발표가 끝나고 팀장님이 말씀하셨다.

"이제까지 했던 사람 중 처음치고 제일 잘했다."

솔직히 많이 부족했을 거고 고쳐야 할 부분이 많았을 것이다. 그럼에도 불구하고 잘했다며 토닥여주시듯 건넨 한마디에 울컥한 마음과 동시에 더 잘해야겠다는 생각이 들었다.

다음에 더 잘하는 사람이 되려면 현재의 모습에서 조금씩 변해야 한다. 오늘 했던 PT가 어땠는지 되짚어보고, 어떤 부분이 부족했는지 체크해서 내가 부족한 부분을 스스로 깨달아야 한다. 그래서 나는 PT 후, 꼭 셀프 피드백을 적어 다음 PT 때 놓치지 않고 고치려고 노력한다.

프레젠터로 했던 첫 PT에서 나는 어떤 피드백을 기록했을까?

-슬라이드(자료)를 장악해야한다
-자료는 보조수단에 불과하다
-전체적으로 이끌고 가는 힘이 있어야한다

7년 전 했던 첫 PT에 대해 남긴 나의 셀프 피드백이었다. 나는 이후에도 계속해서 피드백을 기록하는데, 이 과정이 중요한 이유는 오늘의 부족함을 채워야 내일 더 잘하는 사람이 될 수 있기 때문이다. 만약 PT를 자주 하는 업에 종사하고 있다면 앞으로 진행되는 PT를 노트에 직접 손으로 써보거나 개인 블로그에 기록으로 꼭 남겨보자. 조금씩 달라지는 나 자신을 발견할 수 있을 것이다.

*쑥스럽지만 7년 전 남긴 셀프 피드백 노트 중 일부를 첨부해본다.

2016.10.25 — 첫 PT (?ㅜㅜ) 크게 문제X
- 자료 구둥이 잘 안됐지만,
- 자료를 장악(?)해야지, 슬라이드에 이끌린 PT
  ↳ 자료는 보조수단이 되어야한다
  ↳ 전체를 이끌고 걸어 있어야함
 ★ 흐름을 기억하고 생각하며 PT하기 (다음 PT 이전)

한국전력 - 슬라이드에 너무 가까이 가지말자
          (물체처럼 건드지말기)
        - 3시간 대기했는데 10분PT, 기다림에 익숙해지자
        - 내가 사용하는 포인터 사용을 못해서 어색한느낌
        ★ 손으로 내용을 짚어주는게 나은지 고민

넥슨? - 작은 강의실느낌에 슬라이드는 내 키정도
       ↳ 낮은 스크린에서도 익숙하게 해내야한다
      ★ 내 PT 스타일이 청중들에게 어떻게 느껴지는지 확인

자생병원 - 모르고 낯선용어들이 많아 밤새며 준비
        - 압도적인 분위기, 먹먹한포장들에 영향
        ★ 환경에 좌지우지하면 X → 내가 이끌어야지, 이겨내라

두산 - 불을 전체적으로 OFF → 오히려 편함
     - 침이 마르는데 이거 어떻게 극복하지
       ↳ 사막건기 물을 마셔도 소용X
     - 목소리힘을 더 키워야한다
       ↳ 발표시작 ~ 끝까지 힘이 이어져야함 ★

침산 - 마이크를 들고하니까 더 이상 → 중간에 내려놓고진행!!
     - 목소리힘이 줄이지는듯 → 어떻게해야 끝까지 쩌렁하는지
                              터득하고있음 → 습관화시켜라
     - ↳ 직형테이블, 광장히 큰 테이블

해봐야 알 수 있는 것들

매일 입찰 사이트에 들어가 내가 관리하는 지역에 뜬 입찰 공고를 확인하는 게 일과의 시작이다 보니, 입찰이라는 단어가 이제는 자연스러워졌다. 입찰 공고가 나오면 공고에 첨부된 제안요청서(RFP)에 맞춰 입찰을 준비하게 되는데, 입찰은 대체로 입찰 공고→현장 설명회→제안서 제출 및 평가→PT평가 순으로 진행된다(상황과 규모에 따라 현장 실사/품평회가 추가되기도 한다). 내가 관리하는 지역에도 제안서로 1차 평가를 하고 PT로 최종 평가를 마무리하는 입찰 공고가 나왔다.

난생처음 입찰 현장에 뛰어들어 1차 평가까지 마무리 짓고, 이제는 2차 PT평가만이 남았다. "안녕하세요, 저희는 ~~을 하는 회사 OOO이라고 합니다. 혹시 담당자분과 통화할 수 있을까요?"로 시작해 미팅을 하고 PT 진행까지. "안녕하세요."로 시작된 영업의 끝이 드디어 보이기 시작했다. 대리님들이 준 제안서를 참고삼아 복사, 붙여넣기 신공을 펼쳤지만 복사, 붙여넣기도 어느 정도 감이 있어야 할 수 있는 일임을 깨달았다. 보기에는 쉬워 보였는데 직접 해보니 자료 한 장 만드는 것도 쉽지 않았다. 이번 입찰이 끝나면 파워포인트 공부를 제대로 해보겠다고 다짐하며 몇 날 며칠 고생해서 만든 자료를 나눠주고, PT를 시작했다. 내가 오랜 시간 준비하고 만났던 고객사라 그런지 여느 때보다 더 자연스러운 PT를 할 수 있었고, 질의응답 시간에도 준비한 대로 큰 실수 없이 2차 평가를 끝냈다.

 처음 해보는 일이라 스트레스도 많이 받고 힘들었지만 그만큼 깨달은 점도 많았다. 입찰을 맡으면 팀원들이 왜 그렇게 바빠지는지, 휴대폰은 왜 쉴 새 없이 울리는지, 어떤 마음으로 입찰을 준비하는지 알 수 있었고 현장에 대한 이해도 구체적으로 할 수 있었다. 더불어 내가 부족한 부분이 어떤 점인지도 느낄 수 있었는데, 바로 파워포인트를 다루는 부분이었다. 다음 입찰 때는 멋있게 제안서를 만들어 보겠다는 마음에 파워포인트 공부를 했는데 그중 내가 가장 빠르게 실력을 높였던 방법은 바로 '따라 하기 방법'이다. 당시 팀장님께서 알려주신 방법인데 PT자료를 만드는 일이 많은 분이라면 도움이 될 거라 생각한다.

『따라 하기 방법』

1) 만들어보고 싶은 디자인을 찾아 선택한다 (ex. PPT 템플릿 샘플, 잡지 이미지 등)

2) 파워포인트 새 창을 열어 내가 선택한 디자인과 똑같이 만들어본다.

→ 이 작업이 쉽지 않다. 똑같이 해본다고 했는데 뭔가 이상하고, 쉬워 보였는데 막상 해보니 도형 하나 만드는 것도 쉽지 않다. 그래도 계속해야 한다. 부족하더라도 포기하지 않고 진행해보자.

3) 막히는 부분이 나오면 검색을 통해 해결하며 다시 작업을 이어간다.

4) 완성이 되었다면, 새로운 창을 열어 처음부터 끝까지 다시 만들어본다.

→ 꼭 다시 만들어보는 과정을 거쳐야 온전히 내 것으로 만들 수 있다.

 또한, 좋은 자료를 많이 보는 것도 중요하기 때문에 일상에서 흔히 볼 수 있는 홍보물, 광고 게시판 등 잘 만들어진 자료들을 자주 보고 수집하는 것도 좋은 방법이다. 많이 보는 만큼 시야가 넓어지고 PT 자료에 대한 새로운 시각을 가질 수 있다. 쉽게 시작할 수 있는 방법이기 때문에 꾸준히 작업하다 보면 파워포인트에 어려움을 느끼는 분들에게 큰 도움이 될 거라 생각한다.

끝으로, 파워포인트 유튜브, 블로그 등 다양한 플랫폼에서 전문가들의 노하우를 배울 수 있으니 놓치지 않고 학습하는 시간을 가질 것을 추천한다.

『파워포인트 활용 시 참고하면 좋은 사이트』

■ 이미지 사이트

1) 픽사베이 [www.pixabay.com]
: 검색창에 단어를 입력하면 다양한 이미지를 다운로드 할 수 있다.

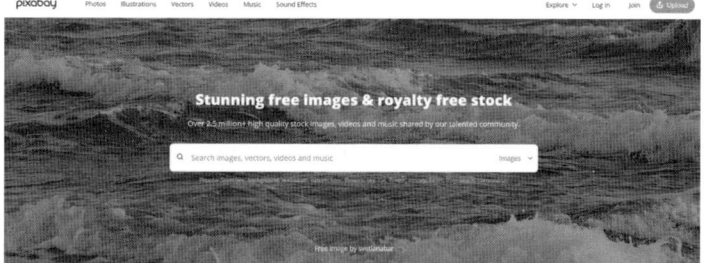

2) 픽셀스 [www.pexels.com]

: 사진 뿐 아니라 동영상도 다양해 영상 작업시 유용하게 이용 가능한 사이트이다.

3) 플랫아이콘 [www.flaticon.com]

: 다양한 아이콘 이미지들을 받아볼 수 있는 사이트로 개인 및 상업용으로 사용이 가능하지만 출처 표기가 필요하다. 무료로 다운받을 수 있는 PNG파일 외 PSD, EPS 파일은 프리미엄 서비스를 이용해야 한다.

■ 컬러 참고 사이트

 자료를 만들 때 어떤 색을 쓰느냐에 따라 멋진 자료가 될 수도, 다소 촌스러운 자료가 될 수 있다. 그만큼 컬러 선택은 디자인에 있어 가장 중요한 부분인 만큼 색과 관련해 참고할 수 있는 사이트 하나를 소개하고자 한다.

1) 컬러 헌트 (www.colorhunt.co)
: 색 배합을 자동으로 해주는 사이트로 조화로운 색상 배합을 참고할 수 있다. 원하는 컬러 팔레트를 클릭하면 컬러 팔레트를 이미지로 저장할 수도 있고 컬러 정보도 세세하게 나와 있어서 다양하게 활용할 수 있다. Popular 탭을 클릭하면 인기 있는 색 배합을 볼 수 있고 자주 들여다보면 색에 대한 감각을 조금씩 높여갈 수 있다.

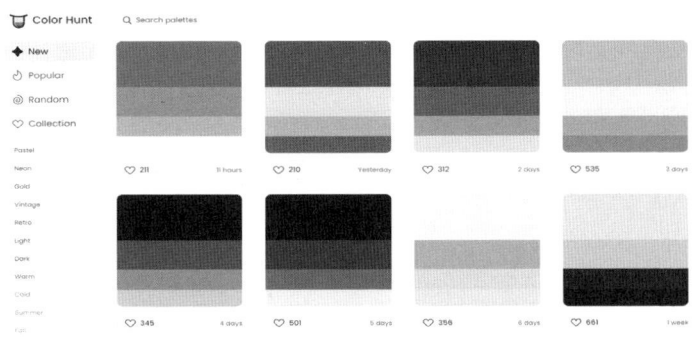

배워서 나 준다

입사 후 처음으로 다른 업태의 PT를 한 날이었다. 공장 쪽 PT만 하다가 새롭게 병원 PT를 하던 날, 동이 틀 때까지 PT 연습을 했다. 다른 업태와 다르게 병원 제안 PT에는 치료식, 유동식, 경관식 등 처음 접하는 단어들이 많았다. 단어 검색은 물론 이런 식단은 어떤 환자들에게 적합한지, 어떻게 제공되는지, 자료에 나와 있는 메뉴나 식단 외에 또 알아야 할 것들은 없는지 등등 공부를 하려다 보니 끝이 없었다.

담당 과장님은 이 정도까지는 몰라도 된다고 하셨지만 '아는 것 없이 그냥 읽기만 한다면 의미가 있을까? 뭐 하나라도 보면 머리에 들어오고 더 자연스럽게 PT를 할 수 있겠지'라는 생각에 밤을 새웠다. 그런데 다음날 PT를 하기위해 회의장에 들어서는 순간 숨이 막히는 것 같았다. 흰 가운을 입은 의료진들을 보니 가슴이 뛰었고 생각보다 좁은 회의실에 긴장감이 높아졌다. 처음 느껴보는 분위기에서 나는 '경험의 차이가 이렇게 나타나는구나' 하고 생각했다. 익숙한 얼굴에서 편안함을 찾고자 바로 앞에 앉아있는 팀장님을 쳐다봤는데 잘할 수 있다고 말하며 웃어주시던 표정을 아직도 잊을 수 없다. 웃음기 없는 PT와 질의응답 시간이 지나고 퇴장할 때, 고생 많으셨다는 말과 함께 병원장님의 웃음을 처음으로 볼 수 있었고 그제서야 우리는 긴장의 끈을 놓을 수 있었다.

 숨 막히는 공간 속에서도 내가 페이스를 찾으며 PT를 할 수 있었던 이유는 아무것도 모르던 어제와 오늘은 분명히 달랐기 때문이다. '이 정도만 알면 되겠지!' 하고 자료를 대충 넘겨보고 공부하지 않았다면 어땠을까? 생소한 용어들이 입에서 엉키고, 뭐가 뭔지 분간도 못하고 끝난 PT가 되지 않았을까. 또 한 번 느꼈다. 배움에는 끝이 없고, 배웠기 때문에 어느 순간에도 당당할 수 있음을.

— useful tip

PT하기 전, 자료를 보며 내가 모르는 단어나 키워드가 없는지 살펴보고 체크하자.

모르는 부분은 혼자서 공부하거나 담당자에게 물어보고 확인하는 과정이 꼭 필요하다.

또한, 면접에 임하는 취업 준비생이 된 것처럼 입찰에 참여하는 회사가 진행하는 사업과 관련된 뉴스, CEO 인터뷰 등 최대한 정보를 많이 수집하자. 정보를 찾다 보면 PT 때 사용하기 좋은 소스를 얻을 수 있을 뿐 아니라 모르는 것을 공부하는 과정에서 얻은 정보들로 인해 생동감 있는 PT를 할 수 있다.

일례로 홍보관을 기획하는 PT를 맡았을 때 나는 제안서에 기재된 시설 내용 하나하나 확인하며 공부하는 과정을 거쳤다. A 구역에는 어떤 자재가 들어가는지, B 구역에 우리가 담고자 하는 콘셉트 명은 정확히 어떤 내용을 말하는지 등 단어나 키워드에 국한되지 않고 전체 제안서 내용에 담긴 내용 전체를 확인해서 공부했고 좀 더 자신감 있게 PT를 할 수 있었다.

단어 하나라도 내가 알고 얘기하는 것과 모르고 얘기하는 것은 전달력과 프레젠터의 태도에도 큰 차이를 보인다. 또한 그 차이는 듣는 사람에게 오롯이 전달된다는 것을 기억하자.

"가장 유능한 사람은 배움에 힘쓰는 사람이다."

-괴테

디테일이 성과를 만든다

"눈금자 이용해서 간격 맞추고 이미지 크기랑 폰트 크기, 글씨체도 동일하게 맞춰야지."

팀장님은 제안서를 확인할 때 꼭 이 부분을 강조하셨다. 처음에는 이게 그렇게 중요한 건가 생각했지만 폰트 크기와 줄 간격이 통일된 제안서를 보고 나니 절로 고개가 끄덕여졌다. 같은 제안 내용이었지만 훨씬 깔끔할 뿐 아니라 동시에 담당자와 회사에 대한 신뢰감까지 느낄 수 있었다.

사소한 부분이라 지나칠 수 있지만 우리가 작은 것까지 세심하게 신경 써야 하는 이유는 깨진 유리창 법칙이라는 심리학 이론에서도 찾아볼 수 있다. 이 법칙은 깨진 유리창 하나를 그대로 방치해 두면 그 지점을 중심으로 범죄가 점차 확산되기 시작한다는 내용으로, 쉽게 말해 사소한 무질서를 그대로 방치하면 큰 문제로 이어질 수 있다는 내용의 이론이다. 제임스 윌슨과 조지 켈링이 발표한 이 이론은 실제 우리 생활 곳곳에서도 확인할 수 있다. 깨끗한 버스 정류장과 일회용 컵들이 어지럽게 놓여있는 정류장 두 곳 중 우리가 쓰레기를 버릴 확률이 높은 곳은 어디일까? 바로 지저분한 정류장일 것이다. 같은 정류장이지만 한두 명이 버린 작은 쓰레기로 인해 맞이하는 결과가 달라지듯, 제안서를 만들거나 보고서를 작성할 때 줄 간격이나 내용의 오타 등을 관리하고 체크하는 것은 매우 중요한 일이다.

그래서 중요한 보고 발표나 입찰 PT를 앞두고 있다면 아래 작성해놓은 부분들을 참고해 꼼꼼하게 체크해보자. 실제 PT현장에서 겪었던 사례들로 이야기를 준비했다.

Check point 1
숫자는 되돌릴 수 없다

한 연구시설 PT를 갔을 때였다. "질문 있으시면 해주세요."라는 말이 끝나자마자 한 심사위원이 우리가 제출한 제안서를 보여주며 "이 금액을 투자하는 게 맞나요?"라고 질문했다. 확인해보니 PT전에 제출한 제안서에 시설 투자 금액이 잘못 적혀있던 것이었다. 투자 금액이 다른 경쟁사보다 높아서 1차 평가 때 우리 회사가 좋은 점수를 받았는데, 막상 PT를 들어보니 투자 금액이 달라 PT가 끝나자마자 심사위원이 의문을 제기한 것이었다. 우리는 실수를 인정하며 죄송하다는 말로 질문에 답했고, 그 순간 나는 심사위원들이 우리에 대한 신뢰를 잃었다는 걸 느꼈다. 제안서에 제출된 금액을 보고 고객사에서는 다양한 투자 품목과 투자 방안에 대한 이야기를 이미 끝낸 상태였기 때문에 우리에 대한 실망감은 더 컸을 것이다. 내가 심사위원이었어도 같은 마음 아니었을까. '이렇게 중요한 입찰에서 실수하는 회사라니…. 일을 믿고 맡길 수 있을까? 저 회사와 함께해도 괜찮을까?' 하는 마음을 가졌을 것이다. 제안서 내용에 대한 오타를 전체적으로 확인해야 하지만 투자 금액이나 인건비와 같이 숫자로 표현되는 부분은 어떤 내용보다 더 꼼꼼하게 확인해야 한다. 단위 금액이 천 원인지 백만 원인지 퍼센티지로 해당 항목당 수치를 표현했을 때 모두 더한 값이 100%가 나오는지 등을 다시 한 번 확인하는 자세가 필요하다.

Check point 2
회사 이름과 로고는 그 회사의 얼굴이다

　제안서를 만들다 보면 처음부터 끝까지 만드는 경우도 있지만 만들어 놓은 제안서에 복사, 붙여넣기를 해서 고객사에 맞춰 만드는 경우도 많다. 그래서 가끔 회사 이름이나 로고가 잘못 들어가는 경우가 있는데 한번은 이런 적이 있었다. PT를 하러 간 회사 로고가 예전 로고였던 것이다. "우리 회사 로고 바뀐 지 오래됐는데 저 로고는 진짜 오랜만에 보네요."라는 이야기를 듣고 우리는 크게 당황했다. "저희가 처음 입찰에 도전했을 때 저 로고를 쓰셨던 기억이 있어서 그때처럼 열심히 해보자는 마음을 담은 걸로 봐주시면 감사하겠습니다."라며 상황을 넘겼지만 등에서 땀이 났던 기억을 잊지 못한다. 회사 이름뿐 아니라 로고도 현재 사용하고 있는 것인지 꼭 체크하자. 자신의 회사 이름을 틀린 제안서를 어떤 고객이 기분 좋게 볼 수 있을까. 업무가 많고 선택과 집중을 해야 하는 시기에 복사, 붙여넣기 신공으로 제안서를 만들어 제출할 수는 있지만, 이를 고객이 알게 해서는 안 된다. 우리를 특별하게 생각하지 않는 회사에게 좋은 마음을 가지는 고객은 없기 때문이다.

Check point 3
프레젠터의 바램은 100% 승리이다

  위의 문장은 틀린 맞춤법이 포함된 문장이다. 읽으면서 이상한 부분을 느꼈다면 정답이다. 이번에 이야기할 포인트는 바로 맞춤법이다. 즉, '바램'이 아닌 '바람'이 맞는 표현인 것처럼 우리가 당연히 맞다고 생각하는 맞춤법도 틀린 경우가 많으므로 한 번 더 확인해야 한다. 특히 보고용으로 제출하는 자료나 입찰 PT 자료는 모두 맞춤법 검사를 확실하게 해야 한다. 오타나 틀린 맞춤법을 찾기 위해서 여러 사람이 함께 제안서를 보며 찾아내는 것도 하나의 방법이 될 수 있다. 매일 같은 자료를 보던 사람이 발견하는 것보다 제 3자가 새로운 자료를 봤을 때 오타를 발견하기 쉽고, 당연히 맞다고 생각했던 맞춤법에 제 3자가 의문을 제기해 수정하는 경우도 많기 때문이다. 그래서 한글 맞춤법이나 영어 스펠링 체크는 꼭 사전에 확인하여 정확하게 작성해야 한다. 작은 오타라고 가볍게 넘긴다면, 우리는 깨진 유리창의 법칙처럼 상대방에게 큰 믿음을 줄 수 없다.

Check point 4
끝날 때까지 끝난 게 아니다

　모든 자료를 완벽하게 준비했는데 실전에서 엉망이 돼버린다면 어떨까? 실제 PT 현장에서 자료가 나오지 않거나, PT자료 이미지와 글씨가 모두 깨져 엉망이 된 경우를 많이 겪었다. 그래서 마지막 체크 포인트는 PT를 가기 전 꼭 확인해야 할 준비물을 살펴보고자 한다.

「글꼴 저장」

　개인적으로 PPT 자료의 꽃은 폰트 선택에 있다고 생각하는데 실제 PT를 하러 갔을 때 고객사 컴퓨터에 글꼴이 설치되어 있지 않아 전체 폰트가 깨진 채로 PT를 진행한 적이 있었다. 몇 날 며칠 고생한 노력이 물거품 되는 순간이었다. 문제가 생겼을 때 바로 설치할 수 있도록 글꼴 파일을 USB에 담아가는 것이 좋지만, 따로 준비할 수 없는 상황이라면 PPT 파일 안에서 포함해 저장시키는 방법을 알아두면 좋다. 방법은 이러하다. 저장 탭을 누르면 맨 아래에 [파일의 글꼴 포함]이라 쓰여 있는 옵션이 있는데 이를 선택하면 자료 내에 사용된 글꼴을 함께 저장할 수 있다. 단, 파워포인트 버전별로 다를 수 있으니 내가 가지고 있는 버전을 확인해 활용하자.

「자료 준비」

우리가 가져온 노트북이 제대로 연결되지 않아 당황했던 적이 있었다. 따로 USB에 파일을 담아오지 않은 상황이어서 모두가 당황했고, 결국 예전에 보낸 다른 자료로 PT를 해야 했다. PT를 하러 가면 정말 많은 변수가 존재하기 때문에 PT 자료를 만들 때보다 더 철저하게 준비하고 신경을 곤두세워야 한다. PT 자료는 비상 상황에 언제든 대처할 수 있도록 USB에 백업하거나 개인 메일에 보내놓는 등 철저하게 준비해야 한다.

「연결 선/기기 준비」

모든 상황에 대비할 수 있도록 HDMI, 전원 케이블, 스피커처럼 PT에 활용될 수 있는 기기와 선 또한 잘 준비해야 한다. 우리가 준비한 기기와 사양이 달라 선이 안 맞는 경우, 동영상에 멋진 음악을 삽입해 준비했는데 소리가 안 나와 무음으로 들어야 했던 경우 등 실제 PT를 진행하면서 겪었던 돌발 상황이 많았다. 얼마 전, 한 경쟁사는 TV까지 준비해와 우리를 놀라게 했다. 이처럼 어떤 상황에서도 당황하지 않도록 철저히 준비해야 하고 디테일한 부분 때문에 내가 해낸 작업 성과가 평가 절하될 수 있음을 반드시 기억해야 한다.

"신은 디테일에 있다."

-루트비히 미스 반 데어 로에

프레젠터 외에는 아무도 말할 수 없습니다

오랫동안 기다렸던 한 기업의 입찰이 드디어 나왔다. 조금 특이한 점이 있다면 제안요청서(RFP)에 조건이 붙은 것이다.

***발표자가 질의응답까지 모두 진행해야 함.**

보통 입찰 담당자와 팀장님이 들어가기 때문에 질의응답도 같이 해결하는데 이번에는 같이 참석은 하되, PT부터 질의응답을 발표자 혼자 해야 하는 상황이었다. 이 소식을 들은 팀장님은 바로 팀 회의를 소집했고 어떻게 할지 의견을 나눴다.

실무자가 하는 것이 베스트이지만 40억이 넘는 큰 입찰인데다 실무자는 이것 외에도 맡고 있는 중요한 입찰들이 많아 PT까지 준비할 여력이 되지 않았다. 게다가 지금 나온 건 한 지역이 아니라 전국 여러 곳에서 통합으로 진행되는 것이었기 때문에 전 지역에 대한 상황을 모두 알고 있어야 하는 입찰이었다. 실무자가 PT까지 진행하기 버거운 상황에 남은 방법은 하나뿐이다. 프레젠터인 내가 완벽하게 준비해서 진행하는 것. 그나마 다행인 건 입찰을 띄운 기업 미팅을 할 때 실무자와 내가 자주 동행하며 어느 정도 정보를 알고 있었다는 것이었다. 팀장님께 담당자와 잘 준비해서 해보겠다는 말을 전했고 그날 바로 해당 고객사의 기본적인 정보 파악부터 시작했다. 살면서 뭔가를 이렇게 집중해서 준비한 적이 있었나 싶을 정도로 여러 정보를 숙지하고, 궁금한 점이 생기면 정리해서 물어보고 또 정리하기를 반복했다. 그동안 이 입찰을 위해 담당자가 얼마나 많은 시간을 쏟았는지 알기 때문에 다른 건 몰라도 이 입찰만큼은 꼭 수주하고 싶었다. 제대로 해내겠다는 마음으로 긴 시간을 준비하며 보냈고, 드디어 PT 날이 다가왔다.

 PT를 하러 서울에 올라가는 중에도 계속 질의응답 자료를 보다가 뭔가 답답함이 느껴져 한숨을 쉬었다. 같이 있던 대리님은 이제 서울대 가는 거냐며 농담을 던지셨다. 그 농담에 웃음이 터지면서 불안함을 조금 내려놓을 수 있었다. 오래 준비했던 PT가 시작되는 순간, 나는 그 어느 때 보다 더 단단하게 마음을 먹고 시작을 알렸다.

 "지금부터 프레젠테이션을 시작하겠습니다."

 PT가 끝난 후 이어진 질의응답 시간에는 정신을 못 차릴 정도로 많은 질문이 쏟아졌다. 끊임없이 나오는 질문에 대답하고 자료 넘기고 다시 질문 받고, 3시간 같던 30분이 마무리됐다. 이렇게 마무리됐다는 안도감과 함께 '오랜 시간 준비했는데 고작 30분 만에 끝이 나는구나.' 하는 생각에 허망한 기분도 들었다.

  집으로 돌아와서는 오늘 나왔던 질문 리스트를 정리했다. 생각 못했던 질문도 있었고 예상했던 질문도 있었다. 질문들을 정리하면서 어떻게 답변하면 더 좋은 답변이 될 수 있을지 고민했다. 프레젠터가 모든 것을 해야 하는 상황이 또다시 주어진다면 더 완벽하게 해내고 싶은 마음에서였다. PT의 꽃이라고 불리는 질의응답 시간, 그 시간을 잘 마무리하기 위해서는 어떤 것들을 준비해야 할까?

— useful tip

예상 질문 리스트와 답변을 작성한다

내가 심사위원이라면 물어볼 질문들 혹은 PT 때마다 공통으로 나오는 질문들을 정리한다. 예를 들어 스타트업의 경우에는 '그래서 어떻게 수익을 낼 것인지'에 대한 질문들이 많이 나오기 때문에 이러한 단골 질문들은 본인 업에 맞게 정리해 놓는 것이 좋다.

→ 나는 PT가 끝난 뒤 PT 히스토리 파일을 따로 만들어 그날 나온 질문들을 정리해 놓았다. 파일로 만들어 놓으면 몇 년 뒤 같은 입찰이 또 나왔을 때 더 체계적으로 준비할 수 있는 장점이 있다.

질의응답 슬라이드를 별도로 준비해 관련 질문이 나왔을 때 자료를 띄워놓자

예를 들어 시설 투자가 이뤄지는 부분이 어디인지에 대한 질문이 나왔다면, 투자가 진행되는 부분과 비용 등을 보기 좋게 표로 정리한 파워포인트 파일을 별첨에 첨부해놓는 것이다.
→ 말로 답변을 할 수도 있지만 질문에 대한 답변이 구체적으로 정리된 PPT 자료를 띄워놓고 답을 한다면 신뢰감뿐 아니라 심사위원의 이해도도 훨씬 더 높일 수 있다.

질의응답에도 골든타임이 존재한다

  질문을 받자마자 대답하는 회사 vs 질문에 바로 대답하지 못하는 회사, 여러분은 어느 회사에 더 신뢰감을 느끼는가? 수많은 PT현장을 다니면서 질의응답에도 골든타임이 있다는 것을 깨달았다. 질문을 던졌을 때 바로 답변하지 못하고 정적이 이어지는 시간은 신뢰도가 떨어지는 시간과 비례한다. 그래서 질문을 받은 이후에는 빠르게 '반응'하는 게 중요하다. 예상치 못한 질문을 받아 답이 바로 생각나지 않는 경우라도 다른 말로 즉각적인 반응을 보여주는 것이 필요하다. 예를 들어 "이러이러한 부분에 대해 질문 주신 게 맞으시죠?" 하며 질문을 한번 정리하면서 답변을 머릿속으로 준비하는 것이다. 만약 그 자리에서 답변할 수 없는 질문이라면 "해당 부분은 자세히 알아보고 다시 유선 혹은 메일로 답변을 드려도 괜찮을까요?"라며 유연하게 대처해야 한다. 어떤 질문이 나올지 알 수 없기 때문에 완벽한 대응은 어렵더라도 상황을 부드럽게 넘길 수 있도록 준비하고 대처하는 태도가 중요하다.

질의응답은 논쟁의 시간이 아니다

 가끔 질의응답 시간에 논쟁 아닌 논쟁이 벌어지는 일이 발생한다. 제안을 준비한 입장과 다른 생각을 가진 사람이 있다는 건 어찌 보면 당연한 일일 것이다. 그럴 때는 "좋은 지적이십니다. 충분히 그렇게 생각하실 수 있다고 생각합니다."와 같은 말을 한 뒤 해당 질문에 대한 우리 생각을 성의 있게 답변하는 것이 좋다. 이렇게 대처한다면 오히려 질문자는 '내가 좋은 질문을 했구나.'라고 생각할 것이고, 인정받았다는 사실만으로도 우리의 답변에 더 귀를 기울이게 될 것이다. 이처럼 질의응답 시간에는 논쟁하기보다는 감정을 다독이며 우리 생각을 성의 있고 예의 있게 전달해야 한다.

 다만, 앞뒤 없이 일방적으로 비난하고자 하는 질문일 때는 강하게 "그 부분은 오해하신 부분입니다." 또는 "말씀하신 부분이 맞습니다만, 저희 의견을 좀 더 덧붙여 말씀드리겠습니다."라고 말하며 강경하게 대처해야 한다.

무조건 YES여서는 안 된다

 고객은 우리가 더 많은 것 혹은 더 좋은 것을 해주기를 바란다. 하지만 그 마음에 모두 YES로 대답할 필요는 없다. '못한다고 해서 우리를 떨어뜨리면 어떡하지?' 하는 마음에 덜컥 된다고 했다가 나중에 낭패를 겪는 경우를 많이 봐왔다. 우리가 처한 상황과 고객사의 상황 등을 고려해 실행 불가능한 제안들에 대해서는 안 된다고 정확하게 말해야 한다.

 다만, 안 되는 부분은 무조건 불가능하다고 하지 않고 "이러이러해서 실행할 수 없습니다. 다만 말씀하신 것 말고 이런 방법도 생각할 수 있을 거 같은데요, 이건 어떠세요?"라고 답을 해보자. 이는 상대에게 전문가로 비춰질 수 있을 뿐 아니라 상황을 유연하게 대처하는 또 하나의 방법이 될 수도 있다.

이런 질문을 왜 하는 거지?

 질의응답을 받다 보면 "대체 저런 질문은 왜 하는 걸까?" 하는 생각이 들 때가 있다. 하지만 그럼에도 불구하고 질문한 상대방을 존중하며 성의 있게 대답해야 한다. 다소 억지스러운 질문이라도 상대가 우리에게 궁금해하는 사안이기 때문이다. 오히려 질문자에 대해 예의를 갖추고 성의 있게 답변한다면 질문자뿐 아니라 함께 있는 다른 청중들의 공감도 이끌어낼 수 있다.

 하지만 역시 모든 현장에는 예외가 존재한다. 이렇게 답변을 진행했음에도 본인의 의견을 내세우며 목소리를 높이는 청중이 있다. 실제로 그런 경우를 겪은 적이 있었다. 우리 측에서 최선을 다해 답변했고 주위 심사위원들이 고개를 끄덕이며 모두 수긍했는데 질문자는 계속해서 그게 아니라며 우기는 것이었다. 이럴 때는 감정적으로 대처하지 말고 역으로 다시 질문해야 한다. "아니라고 생각하는 이유를 말씀해주시겠습니까?" 질의응답 시간에는 질문을 받는 입장이기도 하지만, 우리가 역으로 질문할 수도 있는 시간임을 기억하자.

 질의응답에서 궁금한 부분을 확실히 해소시켜준다면 우리는 심사위원들에게 의심이 아닌 확신을 심어줄 수 있다.

기억에 남는 PT를 하고 싶다면, 청중을 분석하라!

2018 평창 올림픽 유치 PT 지휘자로 알려진 테렌스 번즈는 훌륭한 PT를 위한 3가지 법칙을 다음과 같이 말했다.

"첫째는 청중을 파악할 것, 둘째도 청중을 파악할 것, 셋째도 청중을 파악할 것."

이처럼 성공적인 PT를 위해 가장 중요한 점은 청중 분석이다. 나 또한 심사위원으로 참석하는 대상이 누구인지에 따라 PT멘트를 바꾸기 때문에 청중 분석을 가장 중요하게 생각한다.

여기서 청중 분석이란, 성별과 연령대는 어떠한지, 소속된 팀/부서는 어디인지, 직급은 어떻게 되는지, 키 맨(결정권자)은 누구인지 등을 분석하는 것을 의미한다.

만약 심사위원이 젊은 층으로만 구성되어있다면, 젊은 층을 타깃으로 하는 그들의 언어를 사용하거나 젊은 층이 관심을 가질 만한 이야기를 찾아 PT에 집중할 수 있도록 준비한다. 듣는 사람을 위한 PT가 될 수 있도록 전체적인 흐름을 잘 기획하는 것이 프레젠터의 일이고 가장 중요한 역할이기 때문이다.

청중 분석을 잘해 좋은 결과를 낸 PT가 있었다. 업체 회장님과 본부장 등 임원진만 참석하는 한 레저시설 입찰 PT를 앞둔 날, 나는 듣는 사람을 감안해 평소와 다른 방식으로 PT를 진행하기로 했다. 참석자들의 연령대가 굉장히 높았을 뿐 아니라 청각에 불편함이 있다는 얘기를 들었기 때문이었다. 그래서 평소처럼 물 흐르듯이 빠르게 PT 하지 않고 천천히에 포커스를 맞춰 PT를 준비했다. 발음은 더 또렷하고 명확하게. 마치 손녀가 할아버지에게 차근차근 설명해주는 느낌으로 몸짓과 손짓은 최대한 자제하면서 PT를 했고, 듣는 데 어려움이 없도록 발음이 어려운 부분과 설명이 필요한 부분은 두 번씩 반복해 천천히 설명했다. PT가 끝나고 회장님은 "본부장, 우리도 저런 친구를 뽑아야지."라는 말과 함께 "다른 업체는 화살이 날아가는 것처럼 빨리 지나가서 잘 못 들었는데 여기는 차분해서 좋다."라는 말을 덧붙여 해주셨다. 만약 참석하는 사람에 대한 사전 분석이 없었다면 평소처럼 쭉쭉 빠르게 전달하는 PT를 하지 않았을까? 청중 분석이 중요함을 몸소 깨달은 시간이었다.

물론, 예상치 못하게 당일 갑자기 심사위원이 바뀌는 경우도 있다. 리조트 시설 PT를 간 날이 그러했다. 첫 순서로 PT를 하게 돼 기기 세팅을 하러 회의실에 들어간 우리는 심사위원석에 앉아있는 외국인을 보고 깜짝 놀랐다. 외국인 심사위원이 들어

온다는 정보는 못 들었는데 모두 당황했고 어찌 된 영문인지 몰라 고객사 담당자에게 전화했다. 다행히 통역사가 온다는 한마디에 우리는 모두 안심하며 PT 준비를 끝냈다. 그런데 이런 생각이 들었다. '아무리 통역사가 들어온다 한들 프레젠터가 조금이라도 영어로 말하는 게 예의가 아닐까?' 그래서 부족하더라도 짧게 영어로 설명하는 한/영 반반 PT를 하기로 마음먹었다. 영어가 몇 문장 안 되기 때문에 반반이라고 하기에 민망하지만, 영어 문장을 속으로 되뇌며 PT시작을 알렸다.
"지금부터 프레젠테이션을 시작하겠습니다."

PT가 시작됐고 한국어로 쭉 설명하다가 끝부분에서 영어를 덧붙여 설명했다. 굉장히 짧은 문장들이었지만 자료만 보던 외국인 심사위원분이 고개를 들어 경청해주셨고, PT를 끝내고 나오는 길에 짧게 눈인사도 건네주셨다. 준비한 대로 한국어로만 진행할 수도 있었지만 심사위원 한 분 한 분을 존중한다고 느끼게 하고 싶었다. 좀 더 유창하게 한국어와 번갈아 했더라면 더 좋았을 텐데 하는 아쉬움은 남지만, 그래도 듣는 사람을 배려하며 진행했던 PT이자 짧지만 상대의 기억에 남을 수 있는 PT였다. 급하게 상황이 바뀌어 청중 분석이 완벽하지 않더라도, 그들이 집중할 수 있는 무언가를 준비해 PT를 한다면 경쟁사보다 한 발짝 더 청중과 가까워질 수 있고 승리에도 가까워질 수 있다.

— useful tip

『청중 분석 포인트』

1) Who? 누구인가

 듣는 사람의 성별과 나이, 관심사를 파악해야 한다. 연령대가 나와 비슷하다면 요즘 또래들이 관심 있게 보는 키워드는 무엇인지, 어떤 것에 관심이 있는지를 생각해서 이를 활용해 교감할 수 있는 포인트를 찾아야 한다.

 최근에 재테크 강의를 하는 지인에게 첫 수업 오프닝 멘트를 부탁받은 적이 있었는데, 멘트를 구상하면서 내가 제일 먼저 한 것은 '청중은 누구인가?, 수강생들의 관심사는 무엇인가?'를 생각하는 것이었다. 고민 끝에 '싸이월드 부활'이라는 키워드를 활용해 오프닝을 구성했다. 멘트 직전에 프리스타일의 'Y'(한때 싸이월드 대표 BGM이었다)를 꼭 플레이해달라는 부탁과 함께 내가 전한 오프닝은 이러했다. "우리 모두 집 한 채 있던 그 시절, 기억나시나요? 비록 도토리로 산 집이었지만 저희는 진심이었죠. 집에 진심이었던 마음 여전히 변하지 않으셨을 거라 생각합니다. 4주간, 저도 진심을 다하겠습니다. (생략)"

 첫 강의 이후 나의 지인은 추억을 회상하게 만드는 배경음악과 함께한 오프닝 멘트에 수강생들과 편안하게 본인들의 이야기를 주고받을 수 있었다며 고마워했다. 이렇듯, 청중을 분석하는 일은 PT에 있어 가장 핵심적인 부분이라 할 수 있다.

2) What & How? 무엇을, 어떻게

 청중이 해결해야 할 고민이나 문제점이 무엇인지 생각해야 한다. 간혹, 현재 상황 분석은 완벽하게 해놓고 그에 따르는 해결책을 제시하지 않아 듣는 사람에게 '그래서 어떻게 해주겠다는 거지? PT의 요점이 뭐지?'라고 생각하게 만드는 경우가 있다. 따라서 입찰에 참여하는 사람이라면 고객사가 현재 처한 상황과 그로 인해 발생하는 문제점을 분석해 반드시 해결책을 제시해줘야 한다. 문제점 분석과 해결책은 구체적일수록 좋다. 내가 제시한 해결책이 청중에게 와 닿을까? 들었을 때 좋은 해결책이라 생각할까? 등을 생각하면서 해결책을 제시해보자. 이때, **청중이 얻을 수 있는 혜택(Benefit)**에 중심을 두어야 효과적이다.

 잊지 말자, 좋은 말하기는 듣는 이가 누구인지에서부터 시작한다는 것을.

"세상에서 두 번째로 어려운 일은
남의 지갑에서 돈을 빼오는 일이다.

가장 어려운 일은
남의 머릿속에 내 생각을 넣는 일이다."

-중국 속담

무대 체질은 타고난 체질이 아니라 연습의 결과물이다

리허설은 환경까지 실전처럼

 입사 후 세 번째 진행했던 PT를 끝내고 나는 그날 PT에 점수를 매겼다. 30점은 될까? "잘 끝났어요?"라는 팀원의 물음에 아무 말도 할 수 없었던 날이었다. 통제 불능의 떨림, 특히 내게 느껴지는 목소리 떨림이 심했다. 긴장하면 손이 떨리기는 해도 목소리가 그렇게 떨린 적은 없었기에 적잖이 당황했고, 페이스를 찾아가려 했지만 그럴수록 떨림이 더 심해지는 느낌이었다. PT를 끝내고 돌아오는 기차 안에서 혼자 분석을 시작했다.

 '무엇 때문에? 왜 그렇게까지 떨렸을까?' 평소와 비교해 달라진 부분이 무엇이었는지 생각했고 나는 환경에서 답을 찾았다. 지금까지 어두운 상태에서 리허설과 PT 연습을 하다가 처음으로 환한 분위기에서 PT를 진행한 터라 심사위원들의 표정이 하나하나 다 보였고, 이 상황이 내게 압박으로 다가온 것이다. 심사위원들의 지친 표정이 PT하는 동안 시야에 계속 들어오니, 나도 모르게 그들의 감정에 동요된 듯했다. 눈앞에 상대가 있고 없고의 차이가 이렇게 큰 것임을 다시금 느끼게 해 준 시간이었다.

 그렇다면, 실전에서도 잘 해낼 수 있도록 리허설을 할 때 우리가 체크해야 할 부분들은 어떤 것이 있을까?

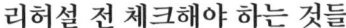 

리허설 전 체크해야 하는 것들

1) PT가 진행되는 장소 체크 (사진으로 확인할 수 있다면 더 좋다)
→ 장소 규모와 테이블 형태(U자형, 一자형 등)

 규모를 미리 확인함으로써 청중과 발표자 간의 거리, 마이크 사용 여부 등을 미리 체크해야 한다. 테이블이 U자라면 U자 안쪽으로 동선을 움직일 수도 있기 때문에 테이블 형태까지 파악한다면 동선을 구상하는 데에도 도움이 된다. 실제 PT를 하러 갔을 때 당황하지 않도록 미리 규모와 테이블 형태 등을 체크하자.

2) 발표자 위치

 PT에 익숙하지 않은 경우에는 위치에도 영향을 받을 수 있다. 연습 때 왼쪽에서만 서서 했는데 PT가 이뤄지는 장소에 왼쪽 공간이 없다면 당황할 수 있으니, 프레젠터가 설 공간이 어느 쪽에 있는지도 PT경험이 많지 않은 경우라면 꼭 체크하자.

 그리고 최근에는 코로나로 인해 발표자 자리를 지정해놓거나 혹은 유리 칸막이를 설치해 해당 공간을 벗어나지 않도록 하는 곳도 있다. 움직임이 많은 성향이라면 이러한 상황에도 대비할 수 있도록 미리 생각해두는 것이 좋다.

3) 그 외

 TV를 연결한 모니터로 진행하는지, 빔 프로젝터를 활용한 스크린을 이용하는지, 스크린의 크기는 어느 정도인지 체크해보자. 실제 PT를 갔을 때 큰 스크린으로 진행할 줄 알았는데 작은 TV 모니터로 진행한 적이 있었고, 스크린의 크기가 너무 길어 발목까지 떨어지는 경우도 있었다. 당황하지 않고 실전에서도 연습한 것만큼 결과를 보여주고 싶다면 작은 부분도 체크해야 한다.

"정답은 없다, 노력만이 있을 뿐이다."

 한창 유행했던 오디션 프로그램을 다시 보았다. 오디션을 앞둔 한 가수는 연습하는 동안 같은 부분을 계속 틀렸고 목 컨디션까지 좋지 않아 시청자들로 하여금 걱정을 자아냈다. '무대에 설 수 있을까?' 하는 걱정이 들 무렵 결전의 날이 다가왔다. 그런데 웬걸, 연습 때 헤매던 사람이 맞는 건가 싶을 정도로 그 가수는 100% 이상의 무대를 해냈다. 보는 사람들로 하여금 지금 즐기고 있다는 것을 온몸으로 느끼게 해준 무대였다. TV를 보며 나는 '실전에 강한 사람은 저런 사람을 보고 말하는 거구나.' 하고 생각했다.

 나 또한 이번 연말에 꼭 해내야 하는 무대가 연달아 잡혀있다. '나도 저 가수처럼 실전에서 잘 해 낼 수 있을까' 하는 생각이 들지만 나는 안다. 그 가수는 무대 체질이라 실전에 강했던 것이 아니라 그 동안 본인을 억누르며 끝없이 연습했기 때문에 해낼 수 있었다는 것을. 어떤 일이든 꾸준한 연습과 반복이 나를 성장시킨다는 것을 꼭 기억해야 한다.

useful tip

연습법에 대한 이야기

1) 반복이 답이다

 PT의 경우 여유 있게 며칠 전에 자료를 받는 경우도 있지만 하루 전에 자료를 받는 경우도 많다. 물론, 자료가 계속 수정되면서 PT 전날 늦게 최종자료를 받는 경우도 있는데 자료를 급하게 받았을 때는 각 장표마다 말할 내용과 멘트를 간략히 정리하고, 처음부터 끝까지 여러 번 반복해서 연습한다. 내용들이 입에서 익숙하게 나와야 실전에서도 자연스럽게 PT를 할 수 있기 때문이다.

 여기서 포인트는 '반복'인데 이렇게 연습을 하다 보면 하기 싫고 지치는 시간이 분명히 온다. 나의 경우는 그럴 때마다 제대로 PT를 끝내지 못한 모습을 상상하며 마음을 다잡았다. PT를 한 후, 진짜 잘 끝냈다는 후련함이 아니라 좀 더 연습할 걸 하는 속상함이 남는다면 그 감정은 다음 PT에도 오래 영향을 끼치기 때문이다.

2) 소리 내서 말하기

 무조건 소리 내서 연습해야 한다. 자료를 보면서 속으로 말을 생각해 연습하는 경우가 있는데 이건 연습을 했다고 할 수 없다. 실제 목소리를 내며 PT 했을 때는 완전히 다른 느낌을 받기 때문이다. 반드시 실전에서 하는 것처럼 소리 내 연습해야 한다. PT대기 장소에 있거나 이동하는 중에는 그동안 연습했던 것들을 속으로 되새길 수 있지만, 연습할 때는 무조건 소리 내서 해야 함을 꼭 기억하자.

3) 영상 촬영을 하자

 PT를 할 때 내 모습이 어떤지 직접 확인하며 연습해야 더 나은 PT를 할 수 있다. 손짓에서부터 동선, 표정 등등 촬영된 영상을 통해 어떤 부분을 고치면 더 좋을지, 아니면 더 좋은 부분은 어떻게 더 잘 살릴 수 있을지 고민해야 한다.

4) 상상 연습도 연습이다

 실제 PT가 이뤄지는 장소에서 연습하는 게 제일 좋지만, 그럴 수 없으니 '상상 연습'을 추천한다. 머릿속으로 PT장소를 상상하며 연습하는 방법인데, 뇌는 현실과 상상을 구분하지 못하기 때문에 실제로든, 상상으로든 연습하기만 하면 뇌는 그것을 실제 연습으로 받아들인다. 이와 관련된 다양한 연구 결과들도 많은 만큼 실행한다면 효과를 볼 수 있다. 처음 100억이 넘는 매출액의 PT를 할 때도 PT하는 내 모습을 상상하며 그려보는 시간을 많이 가졌었고, 실전에 가서도 큰 도움을 받았다.

 나 자신에게 후회하지 않으려면 만족하는 시간이 올 때까지 연습해야 한다. 지치더라도 우리가 할 수 있는 건 연습밖에 없음을 늘 기억해야 한다.

"성공의 비밀은 자신감이며, 자신감의 비밀은 엄청난 준비다."

-성악가 조수미

진짜 경기는 9회 말부터 시작이다

PT를 하다보면 시작부터 불같은 전투력을 쏟아내는 PT도 있지만 시작 전부터 기운 안 나는 PT도 있다. 이미 결과가 예상되는 PT가 그렇다. 그럼에도 불구하고 우리는 최선을 다해 준비해야 한다. 가끔은 결과를 뒤집을 마지막 기회가 찾아오기도 하니까.

꼴등을 했던 입찰이 있었다. 공공기관 특성상 매회 공정하게 점수를 공개했는데 우리의 1차 평가 점수는 꼴등이었다. 사실 우리 회사에 대해 안 좋은 기억이 있는 곳이었기 때문에 짐작은 했었다. 2차 평가에 참석하게 된 것만으로도 다행이라 생각했는데 막상 점수표를 확인하니 오기가 생겼다. 보여주고 싶었고 만회하고 싶었다. 우리가 부족했던 부분은 확실하게 인정하고 앞으로 하게 될 부분은 제대로 어필해서 마음을 돌리고 싶었다. 그런데 사람인지라 시간이 지날수록 자신이 없어졌다. 이런 마음이 전달이라도 된 건지 같이 준비하던 대리님이 말을 건넸다.

"조금만 힘내자. 지금 이 상황에 우리가 할 수 있는 게 뭐가 있겠냐. 경쟁사보다 조금이라도 더 하는 것 밖에는…"

맞다. 포기하지 않을 거면 더 하는 것밖에 답이 없는 거다. 지금 할 수 있는 게 조금 더 열심히 고민해서 준비하는 거라면 그렇게 해야 하는 거다. 이렇게 서로 다독이며 준비했던 PT의 결과는 어떻게 됐을까? 우리는 꼴찌라는 1차 평가의 설움을 딛고 기적처럼 1등을 했다. 1차 제안서 평가 5위에서 2차 PT평가 이후 0.5점 차이로 우리가 1등을 한 것이다. 결과를 듣고 대리님과 나는 서로 "미쳤다!"라며 환호했다.

모두 따라잡을 수 없을 거라 생각했지만 우리는 해냈다. 혼자 했으면 해내지 못했을 일을 함께 해냈다. 그래서 나는 입찰을 준비하는 모든 이들에게 얘기한다. '이게 될까?' 하는 순간이 오더라도 '될 거야!'라는 마음으로 임해야 한다고. 진짜 경기는 9회 말부터 시작이다.

즐겨야 이길 수 있다

프레젠터라는 직업을 가진 후 부담감이 많이 생겼다. 엄마에게 PT에 대한 부담감을 얘기하면 "즐기고 와. 한바탕 즐겨야 듣는 사람도 즐겁게 들을 수 있는 거야."라고 말씀하셨다. 어떻게 해야 즐길 수 있는 건지. 예전에 했던 일인 방송은 첫 시작부터 마지막까지 내가 즐기며 했던 일이었는데, PT는 숫자 10으로 따졌을 때 즐거움이 3, 부담감이 7인 일이었다. '언제쯤 방송처럼 PT를 즐기며 할 수 있을까?' 고민이 많았는데, 지난번 큰 매출액의 PT를 연달아 한 이후로 나는 달라졌다. PT를 즐기는 사람이 되었고, 누구보다도 보는 사람들이 그 모습을 먼저 캐치했다.

메뉴 시식회까지 진행하는 큰 프로젝트가 있던 날이었다. 수십억의 매출액이 걸려있는 PT인 만큼 우리는 사활을 걸었고 경쟁사에서도 단단히 준비한 듯 보였다. 하지만 그런 분위기에 절대 휩쓸리면 안 된다. 중요한 건 우리가 준비한 것을 얼마나 보여줄 수 있는가이니까.

"A사 끝나가니 들어가시죠."

드디어 우리 차례다. 오랜 시간 모두가 준비해온 결과물이 심사위원들에게 전달되는 시간이 왔다. 내가 이날의 PT를 기억하는 이유는 긴장과 압박으로 시작했던 예전과는 분명히 다른 '즐기는 PT'를 했기 때문이다. PT가 끝난 후 "PT를 재밌게 하시네요."라는 고객사 담당자의 말을 듣고서야, "네가 즐겨야 듣는 사람도 즐길 수 있다."라는 엄마의 말이 무슨 말인지 알게 되었다. 그리고 내 PT를 입사 초반부터 지금까지 봐오신 팀장님께서 처음으로 이런 말씀을 하셨다. "미건아, 너 이제 프로다. 오늘 보니까 진짜 프로더라. 즐기는 게 보였어. 앞으로도 잘 부탁해 박 프로." 팀장님의 말을 듣고 울컥한 마음과 함께 더 잘해야겠다, 더 열심히 해서 좋은 결과를 모두에게 안겨드리고 싶다는 생각이 들었다.

만약 내가 매출 규모에 겁먹고 못 하겠다는 마음을 먹었다면, 이날의 PT처럼 기억에 오래 남는 PT를 할 수 있었을까? PT를 즐기는 프레젠터가 될 수 있었을까? 사람들 앞에 서는 것이 두렵고 무서울수록 우리는 더 많이 경험하고 자주 부딪혀야 한다. 왜냐하면 내가 잘하고자 하는 분야에서 작은 성공을 자주 경험해야 즐거움을 찾을 수 있기 때문이다. 앞에 서야 하는 순간이 온다면, 일단 부딪혀 보고 내가 해냈던 지난날의 성취감을 떠올리자. '해낼 수 있다.'라는 마음가짐으로 무대에 오르면 우리는 온전히 그 무대를 즐길 수 있다.

좋은 심사위원만 있을 거라는 착각

한 문장으로 사람들의 기억에 남은 영화가 있다. 바로 킹스맨이다. 킹스맨을 보았다면 역시나 한 문장이 떠오를 거다. "Manners maketh man." 영화를 본 사람들은 왜 이 한 문장을 기억하는 걸까. 배우의 연기가 좋아서? 대사가 멋있어서? 아니다. 그 이유는 바로 공감 때문이다. 평소 매너 없는 사람들로 인해 인상 찌푸려지는 상황이 떠오르면서, 매너가 왜 중요한지 공감했기 때문이다. 어차피 같이 사는 세상인데 서로에게 더 따뜻할 수는 없는 걸까? 입찰 PT현장 역시, 좋은 심사위원이 있는 만큼 매너 없는 심사위원들도 참 많다. 세상에 이렇게 매너 없는 사람들이 많다는 걸 프레젠터 일을 하며 알았다.

한 제조업체 PT가 있던 날의 이야기이다. 이날 PT에 심사위원으로 참석하는 사람들은 업체 대표와 임원, 관련 부서 담당자였는데 평소와는 다른 느낌이 들었다. 참석 직원들은 아무래도 대표가 들어오면 대표의 눈치를 보는데, 오늘은 대표가 2명인 느낌이었다. 눈치를 보는 두 명 중 꽤 젊어 보이는 한 사람을 예의주시하던 중 실마리를 찾았다.

'가족이구나.'

그랬다. 회사 직원들이 눈치를 보던 또 한 사람은 대표의 아들이었던 것이다. 가족이 함께 경영하는 곳은 많으니 개의치 않고 PT를 시작했는데, 얼마 지나지 않아 비속어가 들렸다. 잘못 들은 건가 생각하며 잠시 주춤했는데 잘못 들은 게 아니었다. 그건 대표의 아들이 말하는 소리였다. 당황했지만 PT를 중단할 수는 없었기 때문에 끝까지 진행했고 바로 질의응답 시간이 이어졌다. 누군가 앞에서 PT를 하고 있는 와중에도 저런 태도를 보인 사람이라면 질의응답 시간에 어땠을지는 상상에 맡긴다. '갑과 을로 굳이 선을 나누자면 나는 어느 위치에 있을까, 입찰에 참여하는 우리는 모두 어느 선에 위치해 있을까.' 참 많은 생각을 하게 만든 PT였다.

또 한 번은 PT 도중 누군가 큰 소리로 말을 하기도 했다. 순간 당황했지만 질문은 아니었기에 다시 PT를 이어갔고, 그 후 1분 정도 시간이 흘렀을까. 다시 큰 소리로 누군가 말했다. "난 저거 별로던데." 이번에는 너무 큰 소리로 말해서 그냥 넘길 수 없었다. 결국, "자료는 예시로 든 거니까 참고용으로 봐주시면 감사하겠습니다."라고 답한 뒤 PT를 이어갔다. 우리 회사를 안 좋아한다는 건 알고 있었지만 PT 중간에 불만을 표출할 줄은 예상하지 못했다. 그리고 그 불만이 PT가 이어지는 10분 동안 계속 나오리라곤 더더욱 예상하지 못했다. 드디어 끝이 보이고 마무리를 하려던 차에 회의장에 걸린 문구가 보였다.

'처음처럼'

그래서 나는 "저 액자에 걸려 있는 말처럼, 처음처럼 초심을 지키겠다."라며 PT를 마무리했는데, 마무리가 잘되지 않았다. 누군가 그 뜻이 아니라며, 여기서 처음처럼은 소주를 좋아해서 해놓은 거라며 비아냥을 섞어 말했다. 그들은 마지막까지 우리에게 매너 없는 태도를 보였고, 나는 웃으며 "처음과 끝 맛이 똑같은 소주처럼 처음 마음 그대로 끝까지 이어가겠습니다."라고 대답했다. 소주를 좋아해서 해놨다는 다소 억지 섞인 말에 아무 말 못 하고 미심쩍게 웃으며 끝낼 수는 없었다. 그 순간 누가 뭐래도 나는 회사를 대표해 이야기를 전하는 사람이기 때문에, 더 당당한 자세를 가져야 한다고 생각했다.

사실 PT를 하러 가고 입찰에 참여하다 보면 많은 사람을 만나게 되고 그만큼 다양한 반응을 겪게 된다. 일하면서 언제나 좋을 수 없다는 걸 알지만 사람인지라 상처를 안 받을 수 없는데, 이런 날을 대비해 우리는 각자만의 해소법을 가지고 있어야 한다. 우리가 누구이든, 또 어떤 일을 하든 그렇게 풀어내는 과정을 거쳐야 내 일을 더 사랑하고, 더 오래 할 수 있기 때문이다.

비매너에 대처하는 자세

더 당당한 모습으로 임해야 한다

 우리가 준비한 제안과 회사가 제공하는 서비스에 문제가 없으므로 이유 없이 감정의 화살을 받을 필요는 없다. 앞서 언급했던 비속어 PT 에피소드의 경우, PT가 진행되는 동안 계속 비속어가 나오고 대답을 바라는 모습을 보이길래 "제 PT를 멋있게 봐주신 거 같아 감사합니다.", "참고용으로 준비한 자료인데 원하시는 부분을 더 구체적으로 말씀해주시면 이 부분은 다시 준비해서 자료로 전달해 드리겠습니다."라고 정중하게 답변했다. 무조건 저자세로 임하는 것만이 정중함을 표현할 수 있는 것은 아니다. 당당하고 자신감 있는 태도로도 얼마든지 겸손하고 정중할 수 있다는 걸 기억하자.

나만의 해소법을 만들자

 따뜻한 물을 받아놓고 샤워하거나 시원한 맥주 마시기, 내가 좋아하는 취미 생활하기 등 이런 순간을 대비해 내 마음이 다치지 않도록 꼭 해소법을 만들어 놓자. 가장 중요한 건 바로 나 자신이니까.

<u>애써 좋은 시간을 떠올려야 한다</u>

 매너 없는 사람들이 있는 반면, 입찰 현장에는 좋은 심사위원분들도 많다. 매너 있는 사람들과 함께한 날을 생각하며 스스로 마인드를 정리해야 한다. 그래야 내일도 당당하게 무대에 설 수 있다. 그런 의미에서 힘든 날을 겪은 나와 우리 모두에게 위로의 말 한마디를 전하고 싶다.

'오늘 일은 잊자 잊어. 내일은 분명 좋을 거니까.'

"남에게 친절하라,
그대가 만나는 모든 사람은
현재 그들의 삶에서
가장 힘겨운 싸움을 하고 있다."

-플라톤

집중력은 프레젠터의 몫이다

PT를 하러 가면 "제발 얼굴 들고 제 얘기 좀 들어주세요!" 하고 소리치고 싶은 순간이 있다.

한 레저시설 입찰 PT를 한 날이었다. PT시작 전, 다 같이 서서 인사를 했는데 5명의 심사 위원 중 한 명만 인사를 받아줄 뿐 나머지는 우리에게 눈길조차 주지 않았다. 무거운 분위기 속에 PT가 시작되었고 나는 준비한 대로 자료를 한 장 한 장 설명했다. 그런데 역시는 역시다. 처음 인사를 받아준 한 명을 제외한 4명은 나눠준 자료만 쳐다볼 뿐이었다. 사실 이날 입찰은 형식상 2차 평가로 PT를 넣은 상황이라 출력된 자료만 보고 바로 점수를 체크하는 경우였는데, 그럼에도 불구하고 나는 사람들을 집중시켜야 했다. 그게 내 직업이고 역할이니까. 결국 나는 진행하던 PT를 잠시 멈추고 말했다.

"출력된 자료에는 저희가 준비한 모든 걸 담지 못했습니다. 꼭 설명을 들으셔야 하는 부분이 있으므로 지금부터는 저희가 따로 준비한 앞쪽 자료를 봐주시면 감사하겠습니다."

멘트 후 PT를 다시 진행했고, 다행히도 다른 심사위원분들도 고개를 들고 PT에 집중해주셨다. 물론, 끝까지 출력물만 보신 분도 있다. 이런 PT에 다녀오면 맥이 빠지면서도, 한편으론 오기가 생긴다. 내가 하는 PT에서는 모두를 집중시키고 말겠다는. 그러기 위해서 프레젠터는 어떤 전략을 짜야 할까?

useful tip 1

1) 동선 이동

 한 자리에 머물러 PT를 한다면 변화를 주자.

 왼쪽에서 오른쪽으로 가는 것도 좋지만 나의 경우는 PT를 하면서 집중하지 않는 청중 근처로 자리를 옮겼다 돌아오는 방법을 쓴다. 단, 그 청중을 쳐다보며 이동하면 '내가 뭘 잘못 했나' 하는 생각이 들 수 있기 때문에 시선은 한곳에 머물지 않은 상태에서 다가가야 한다. 그러면 해당 청중도 순간 긴장하며 내 PT에 다시 집중할 수 있다. 움직이는 걸 두려워하지 말자. 내가 움직이는 만큼 청중의 집중도도 높아질 수 있다.

2) 목소리 크기

 목소리에 강약을 줘 집중시키는 방법이다. 계속 같은 톤으로 PT를 하게 되면 지루한 부분이 있기 때문에, 집중이 안 되는 거 같다면 기존보다 크게 또는 작게 얘기해 청중이 한번 쳐다볼 수 있도록 만들어야 한다.

3) 질문하기

 PT는 일방적인 소통이 아닌 쌍방향 소통이 이뤄져야 하는 말하기이다. 그래서 혼자 계속 말하지 말고, 청중이 편하게 생각할 수 있는 질문을 던져 집중시키자. 청중과 관계된 질문일수록 청중의 집중도는 더 높아지기 때문에 앞서 언급한 청중 분석을 할 때 어떤 질문을 할지에 대한 고민을 함께하는 것이 좋다.

질문과 관련된 예시로 이런 PT를 맡았다고 가정해보자.

- 주제: 새로 분양하는 아파트 설명회 PT
- 청중: 40대 이상 중년 남성
- 참고사항: 알파룸 공간 때문에 거실이 좁게 설계되어 이에 대한 의견이 분분한 상황 → 알파룸 공간에 대한 중년 남성들의 마음을 사로잡아야 하는 상황.

위와 같은 내용의 PT를 한다고 할 때 어떤 질문으로 집중도를 높일 수 있을까? 단순히 집중도를 높이기 위해 <Q. 알파룸 공간에 대해 어떻게 생각하십니까?>와 같은 1차원적인 질문은 큰 효과를 기대할 수 없다. 청중이 PT에 집중할 수 있게 만드는 질문을 던져야 한다.

"Q. 중년 남성들이 꿈꾸는 버킷 리스트에 꼭 들어가는 게 있습니다. 어떤 것일까요? 바로 나만의 공간 갖기/내 서재 갖기인데요. 공감하십니까?"

이 질문 하나로 집중도뿐 아니라 청중들에게 알파룸 공간이 중년 남성들의 버킷 리스트를 실현할 수 있는 공간이 될 수 있음을 어필할 수 있다.

 위에 기재된 내용이 아니더라도 어떻게 하면 청중을 집중시킬 수 있을지, 다른 사람들과 차별화된 나만의 집중법은 어떤 것이 있는지 고민해보자. 분명 이전과는 다른 PT를 할 수 있을 것이다.

4) 쉬어야 한다
 핸드폰을 보거나 순간 딴짓하던 청중도 바로 집중시키는 방법이 있다. 바로 포즈(pause)를 두는 것이다. 집중시켜야 하는 부분에서 의도적으로 쉬어주면 청중들은 조용해진 상황이 궁금해 고개를 들고 집중한다. 그래서 나도 중요한 부분에서는 길지 않을 만큼 포즈를 두며 집중할 수 있는 환경을 만든다. 쉰다는 느낌이 어떤 느낌인지 감이 잡히지 않는다면 MBC 라디오 〈배철수의 음악캠프〉프로그램을 참고하기 바란다. 운전하다가도 순간 라디오에 온 신경을 집중하게 만드는 포즈의 미학을 아는 대표적인 분이라고 생각한다. 포즈 기법은 누구나 쉽게 따라 할 수 있는 방법이므로, PT때마다 적극적으로 활용해 집중도 높은 말하기를 해보자.

언제나 파도가 있기 마련이다

중요한 일을 앞두고 예상치 못한 곳에서 발생한 변수로 인해 당황했던 일, 아마 한 번쯤은 경험해봤을 것이다. 입찰 PT도 마찬가지다. 평가받는 자리인 만큼 모든 것을 완벽하게 점검하지만, 그럼에도 언제나 파도는 있기 마련이다. 그래서 이번에는 중요한 PT를 앞둔 분들에게 도움을 드리고자 수년간 PT를 하며 겪었던 현장 돌발 상황에 대한 이야기를 해보려 한다.

Case1. 장소가 바뀔 때

PT시작 전 갑자기 진행 장소가 바뀐 적이 있었다. PT일정과 함께 공지된 진행 장소는 중 회의실로 U자형 테이블이 있는 곳이었는데 PT 시작 10분 전, 회의실 기계 오작동으로 인해 장소를 바꾼다는 공지가 온 것이다. 갑작스러운 소식에 당황했지만 중 회의실과 큰 차이 없을 거라 생각하며 PT장으로 이동했다. 그런데 웬걸, 바뀐 곳은 영화관을 방불케 하는 대규모 세미나장이었다. 곧 PT를 해야 했기에 당혹스러움을 감추고 내가 제일 먼저 체크한 것은 마이크 상태였다. 평소에는 마이크를 쓰지 않지만, 장소가 장소인 만큼 마이크 사용이 필수적이었다. 그래서 소리가 너무 작지 않은지, 하울링이 발생하지 않는지, 무선인지 유선

인지 등 상태를 파악했는데 이동에 제약이 있는 유선 마이크여서 본래 준비했던 동선도 모두 변경해야 했다. 빠르게 심사위원들이 앉은 위치와 스크린 거리를 눈으로 확인하며 동선을 계획했고, 실수 없이 PT를 마칠 수 있었다.

 비슷한 규모로 장소가 바뀌면 좋겠지만 실상은 그렇지 않은 경우가 많다. 앞서 언급한 에피소드처럼 큰 규모의 장소로 바뀐다거나 대회의실에서 소회의실로 장소가 바뀌는 등 장소에 따른 편차가 클 수 있기 때문에 늘 대비해야 한다. 장소가 급작스럽게 바뀐다면 <u>'마이크를 써야 하는지, 준비한 자료/물품들이 놓일 공간이 있는지 혹은 어디에 배치해야 하는지, 동선을 계획했다면 연습대로 할 수 있을지'</u>를 빠르게 체크하고 맨 앞에 서서 PT장소를 쭉 둘러볼 것을 추천한다. 해당 장소가 눈에 익으면 좀 더 편안하게 PT를 진행할 수 있기 때문이다.

Case2. 기기가 작동하지 않을 때

 PT를 앞두고 많이 하는 걱정 중 하나는 "노트북 문제 없겠지?" 혹은 "자료 잘 나오겠지?"이다. 그도 그럴 것이 기계와 관련된 돌발 상황은 가장 많이 발생하는 상황 중 하나이기 때문이다. 한 고등학교 입찰 PT를 진행했을 때의 일이다.

"지금부터 프레젠테이션을 시작하겠습니다." 씩씩하게 시작을 알리며 자료를 넘겼는데 무슨 일인지 화면에 변화가 없다. '아, 포인터가 안 되는구나….' 심사위원들의 시선은 이미 나에게 꽂혀있고 팀원들조차 나를 바라보고 있는 상황에 나는 포인터 작동이 안 된다며 문제 상황을 알렸다. '그냥 포인터 작동이 안 되네요. 다시 확인해보겠습니다.'라고 했으면 어땠을까? 시작 전부터 점수가 깎이는 것은 물론 이런 중요한 일을 앞두고 준비를 제대로 안 하는 회사로 보였을 것이다. 그래서 나는 문제 상황을 알린 즉시 분위기를 반전시킬 한마디를 던졌다.

"자~ 여러분 좋은 일 앞에는 원래 안 좋은 일이 있잖아요. 그거 뭐죠, 사자성어로…?" 이 말이 끝나자마자 저 멀리 앉아있던 심사위원분이 "호사다마!"라고 외치셨고 나는 그 말을 바로 낚아챘다. "네! 맞습니다. 그거요! 감사합니다. 저희 스피드퀴즈 하는 거 같네요~"

그 덕에 다 같이 웃으며 돌발 상황을 넘길 수 있었다.

이런 상황을 대비해 PT를 하는 사람이라면 <u>본인만의 필살기 멘트를 몇 가지 준비해두는 것</u>이 좋다. 나만의 필살기 멘트가 있다면 돌발 상황을 즐길 수 있을 뿐 아니라, 상황을 잘 넘겨 더 좋은 분위기에서 PT를 시작할 수 있다.

<u>Case3. 시간에 변동이 생길 때</u>

입찰 PT는 발표 시간을 정해주는 경우가 많다. 이번에 참여한 곳은 우리가 운영하고 있는 고객사 재계약(계약 연장)PT로 정해진 시간은 15분이었다.

그런데 갑자기 고객사 담당자가 웬만한 내용은 본인들도 다 알고 있으니 대표님 다음 일정에 늦지 않게 짧게 설명해달라는 이야기를 했다. 앞서 PT한 업체들은 본인들이 준비한 것들을 다 하고 갔을텐데 우리만 손해 보는거 아닌가 하는 생각이 들었지만 다른 것도 아니고 대표님 시간 때문에 그렇다고 하니 우리로서는 어찌할 방법이 없었다. 짧은 시간동안 동료들과 어필할 부분을 다시 정리해 내용을 숙지했고, PT 시작 전 대표님을 보며 얘기했다.

"대표님 늦지 않으시게끔 10분에 맞춰 끝내겠습니다. 대신 제가 이건 꼭 확인해주세요, 하는 부분은 이따 차에서라도 한 번만 꼭 봐주셨으면 좋겠습니다. 봐주실거죠?(웃음) PT시작 하겠습니다."

시간을 계속 확인하며 PT를 진행했고, 꼭 강조해야 하는 부분은 "대표님, 여깁니다. 이 부분! 꼭 봐주세요?" 하며 시간에 맞춰 PT를 마무리했다. PT가 끝나고 대표님이 말씀하셨다.

"평소 여러분 회사에서 일하는 직원들이 친절하고 일을 잘해서 우리 직원들한테도 말한 적이 있어요. 오늘 PT에서도 어떤 회사인지 인지 느껴지네요. 잘 들었습니다."

그리고 며칠 뒤 우리는 재계약이 됐다.

<u>변하는 상황에 조금 더 유연하게 대처하고 모나지 않은 모습으로 자연스럽게 소통하는 모습 또한 변수에 대처하는 좋은 자세</u> 중 하나이다.

또 하나, 7년간 PT를 하면서 시간과 관련해 당황스러운 경험을

한 일화가 있다. 10분 PT에서 갑작스럽게 3분으로 요약해 PT해 달라는 요청이 들어온 것이다. 우리 모두 당황했지만 정신을 차리고 준비한 5가지 목차 중 어느 부분을 가장 듣고 싶어 하시는지 질문했다. 차별화되는 제안을 요약해 말해달라는 답변에 머리를 굴렸지만 아무리 요약한다 한들 10분 PT를 준비한 나로서 3분은 너무 짧은 시간이었다. 동료가 힘들게 준비한 자료 중 하나라도 더 전하고 싶은 마음에 나의 특기인 '뻔뻔함'을 장착시키고 웃으며 고객사 임원분에게 질문했다. "전무님, 3분 끝나고 딱 하나! 따~악 하나만 더 말씀드리면 안 될까요?" 따악~이라고 말하는 내 모습이 재밌었는지 그 말투를 따라 하며 "따악~ 하나만 말씀하세요."라고 했고, 그렇게 갑작스러운 3분 PT를 마쳤다. PT 장소를 나오면서 우리 모두 "이런 일도 다 있네요." 하며 서로 경험치가 또 하나 쌓였다며 유쾌하게 상황을 마무리 지었다.

상황이 예기치 않게 흘러가더라도 당황하지 말자. <u>침착하게 상황을 인지하고 그 시간을 오히려 유쾌하게 넘길 수 있다면, 우리는 상대방의 기억에 더 오래 남을 수 있다.</u>

Case4. 고객사 측에서 실수가 있었을 때

 모든 것이 완벽하면 좋겠지만, 사람이 하는 일이다 보니 일을 진행하는 과정에서 우리는 크고 작은 실수들을 마주하게 된다. 입찰에 참여하는 쪽에서 실수를 할 수도 있고, 반대로 입찰을 주관하는 고객사 측에서 실수를 할 수도 있는 것이다.

 한번은 고객사 측에서 PT 종료 시각 알람을 잘못 설정해 당황스러웠던 적이 있었다. 해당 고객사는 공공기관이었는데 공공기관은 서류 준비에서부터 PT까지 다른 업태와 비교해 과정이 까다로운 편에 속한다. 특히 PT의 경우 시간을 칼같이 정해, 입을 떼는 순간부터 시간을 재는 경우가 많다. 그 당시 PT에 정해진 시간은 10분이었다. 시간에 맞춰 연습한 대로 PT를 진행하는데, 갑자기 심사위원이 맞춰놓은 알람이 울렸다. 당황스러웠다. 시간을 아무리 많이 보냈다 해도 이 자료에서는 1분이 남아있을 시간이었는데 알람이 울리다니 뭔가 이상하다는 생각이 들었다. 별다른 제재가 없어 PT를 이어갔는데 알람을 끈 심사위원이 "9분으로 알람이 맞춰져 있었네요. 숫자를 잘못 설정했습니다."라고 얘기했다. 내 목소리와 심사위원의 목소리가 섞이는 다소 어수선한 상황이 발생했다. PT를 끝냈지만 개운치 않아 질의응답이 시작되기 전, 아까 전 정신없는 상황에 설명했던 자료를 짧게 정리해 부족했던 부분을 다시 어필했다.

이외에도 보안 때문에 고객사에서 준비해준 포인터로 진행하는데 포인터가 작동하지 않아 직접 키보드로 가서 자료를 넘기며 PT를 한 적도 있다. 심사위원 뒤에서 PT를 해야 하는 상황이라 예의가 아닐 수 있다는 생각에 "포인터를 잘 준비해주셨는데 기기 인식이 매끄럽지 못해서 제가 뒤쪽에서 진행해야 할 것 같습니다. 양해 부탁드립니다."라는 말을 건넸다. 고객사가 잘못했다는 느낌이 아니라 잘 준비해주셨는데 지금 부득이하게 문제가 생겼다는 느낌으로 양해를 구하는 것이 좋다. 그러면 PT를 하는 입장과 듣는 입장 각각 유연하게 상황을 받아들일 수 있다.

Case5. 우리 측에서 실수가 있었을 때

이번에는 반대로 입찰에 참여하는 쪽에서 실수가 있었을 때의 이야기이다. 사실 준비된 걸 보는 고객사 입장보다 자료를 준비해 보여주는 입장에서 실수가 더 자주 발생한다. 폰트 체크를 못해 PT자료 글씨가 전부 깨져있다거나, 회사 이름/제품명 오타, 최종 수정 전 파일을 보내는 등 많은 경우가 있는데, 그중에서도 같은 자료가 연달아 두 번씩 나오는 실수를 했던 때가 생각난다.

평소처럼 PT를 중간쯤 진행했을까? 갑자기 앞에서 설명했던 자료가 똑같이 나와 버렸다. 그 자료는 원래 뒤쪽에 배치되어 있던 자료였는데 PT흐름을 위해 내가 앞쪽으로 다시 배치해달라고 한 자료였다. 그런데 담당자가 실수로 뒤쪽에 배치된 자료를 삭제하지 않은 것이다. 이럴 때는 당황하지 않고 아무렇지 않은 척 빠르게 상황을 정리해야 한다. 당황하는 순간 듣는 입장에서 우리가 실수했다는 걸 알게 될 테니까. 그래서 나는 "이거 아까 잠깐 설명해 드렸는데 잊지 않으셨죠?(웃음)" 하며 바로 다음 자료를 이어 설명했다. 이처럼 실수는 있을 수 있지만 듣는 사람이 실수로 느끼지 않게 넘기는 것이 중요하다.

그동안 수많은 돌발 상황을 겪으면서 나는 <u>오히려 돌발 상황이 우리를 기억하게 만들어주는 좋은 장치가 될 수 있다는 걸 배웠다.</u> 그래서 어떤 상황에도 당황하지 않도록 <u>실전에서 일어날 수 있는 돌발 상황에 대해 미리 고민하고, 그 일이 실제 발생했</u>

을 때 어떻게 대처할지를 꼭 생각해 놓자. 머릿속으로라도 준비를 해본 사람과 아닌 사람의 차이는 실전에서 드러난다. 상황에 대비하며 준비하는 만큼 더 당당하게 청중들 앞에 설 수 있다는 걸 기억하자.

힘을 낼 수 있는 것 또한 사람 덕분이다

좋아하는 일을 해도 그 마음과는 별개로 누구나 한 번쯤은 슬럼프를 겪는다. 사람들이 슬럼프에 빠지는 이유는 주로 이 일을 해야 하는 이유를 모를 때와 지금 하는 방법에서 제대로 된 성과가 나지 않을 때, 그리고 너무 앞만 보고 달려 심신이 지쳤을 때일 것이다. 나 역시 프레젠터로 일하면서 슬럼프가 찾아왔는데, 나의 경우는 너무 앞만 보고 달려와 심신이 지친 경우에 속했다. 전국을 담당하며 PT가 있는 곳이라면 가리지 않고 달려갔고, 씩씩하게 잘 지냈다고 생각했는데 잘 지낸 게 아니라 힘들게 버텨온 것이란 걸 알게 되었다.

일을 포기할 수는 없고, 몸과 마음 상태는 바닥을 치는 이 상황을 개선할 수 있는 방법이 뭐가 있을까? 우리가 한 번쯤은 경험하는 이 감정을 어떻게 극복할 수 있을까? 내가 힘들게 슬럼프를 겪을 때 힘을 받은 건 다름 아닌 응원 노트였다. 응원 노트는 주위 사람들이 내게 해주는 긍정적인 말들, 힘이 나는 이야기들을 기록해 놓은 노트이다. 말 그대로 나를 응원해주는 응원의 목소리들이 담겨있는 나만의 노트인 셈이다. 그래서 일하면서 지칠 때나 내가 잘하고 있는지에 대한 의문이 들 때마다 이 응원 노트를 펼쳐 힘을 얻곤 했다. 최근에 내게 힘이 되어 준 응원 노트의 한 글귀가 있다.

"내가 미건 씨를 좋아하는 이유가 있어. '나 잘해요.' 하면서 잘난 척 할법한데 그러지 않고, 잘하니까 대충 할만한데 PT 지원하러 올 때마다 항상 열심히 해주는 모습을 보면서 내가 많이 배웠지. 그래서 참 고마웠어."

같이 일하던 팀장님이 해주신 말씀이었는데 내가 조금이라도 자만해지려 할 때 마음을 다잡기 위해 노트에 적어놓은 글귀였다. 그날 작성한 응원 노트의 글귀는 내가 힘든 순간 큰 힘이 되어 주었고, 노트 속에 담긴 나를 향한 응원들 덕분에 나는 슬럼프를 잘 극복하고 더 단단한 사람이 될 수 있었다. 월급이 우리를 버티게 하는 것 같지만 사실 오랜 시간 우리를 버티게 해주는 건 돈이 아닌 사람이다. 그래서 슬럼프를 겪고 있거나 현재 상황이 힘든 분들에게 응원 노트를 쓰는 것을 꼭 추천하고 싶다. 좋은 칭찬과 평가를 노트에 적어 나만의 응원 노트를 만들어 보시길. 분명 큰 위로이자 힘이 될 것이다.

기억에 남아야 승리할 수 있다

계약을 따내기 위한 입찰PT와 진급이 걸려있는 승진PT, 투자를 받기 위해 진행하는 IR피칭(투자PT)과 같이 모든 PT에는 목적이 있다. 그렇다면 목적을 달성하기 위한 PT를 하려면 어떻게 해야 할까? 듣는 사람을 설득하고, 그들의 기억에 오래 남을 수 있는 PT를 해야 한다. 지금부터 그 방법에 대해 알아보자.

Point 1. 쉬워야 한다

중요한 PT를 앞둔 사람을 위한 PT컨설팅을 진행할 때 내가 꼭 하는 말이 있다. 바로 멋있어 보여야 한다는 생각을 버려야 한다는 것이다. 사실 PT처럼 의견을 전달해야 하는 자리는 어렵고 전문적인 용어를 써야 프로처럼 보일 것 같은 기분이 든다. 그런데 이는 독이 되는 생각 중 하나이다. <u>PT평가 이후 얻고자 하는 목적이 투자이든, 수주이든 모든 PT에 있어서 가장 중요한 건 쉬워야 한다는 것이다.</u>

최근 업무차 기업 회생 전문 변호사를 만난 적이 있었는데 그분은 쉽게 설명해야 듣는 사람이 편하다는 것을 잘 알고 있는 분이었다. 기업 회생에 대한 설명을 요청했을 때 전문 변호사는 "사람도 병에 걸리면 치료받듯 기업도 어려울 때 병원에 가는 겁니다. 일시적으로 법원이라는 병원에 가서 치료받은 후에 다시 시장에 나오는 거죠."라고 설명했다. 그 자리에 있던 모두가 한 번에 이 말을 이해했고, 이후 이어지는 질문에서도 듣는 사람이 이해하기 쉽도록 답변해주었다.

<u>누군가를 설득해야 하는 자리라면, 초등학생이 들어도 이해할 수 있을 정도로 쉽게 설명해야 한다.</u> 그래야 듣는 사람의 기억에 오래 남을 수 있고, 우리가 원하는 목적을 이룰 수 있다.

Point 2. 연관성과 흐름을 체크해야 한다

PT는 하나의 스토리로 전달되어야 한다. 사실은 정보 전달에 그치지만 이야기는 사람의 마음에 남기 때문이다. 그렇다면 PT를 하나의 스토리로 만들기 위해 체크해야 할 부분은 무엇일까? 바로 연관성과 흐름이다.

한번은 이런 적이 있었다. PT 대기 중에 회의실 문이 열리면서 경쟁사에서 PT하는 내용이 짧게 들렸다. 나는 그 내용을 듣고 고개를 갸우뚱했다. 내용인즉슨, 수요일에 뭔가 이벤트를 준비한 제안이었는데 발표자가 하는 이야기는 다음과 같았다. "직장인들은 수요일을 제일 기다리잖아요. 수요일에 그래서 저희가 ~" 직장인들이 가장 기다리는 날을 요일로 따진다면 금요일 아니었나, 순간 '수요일'과 '직장인이 기다리는'이라는 문장이 무슨 연관이 있나 생각했다. 그럼 이걸 하나의 흐름이 있는 이야기로 바꾼다면 어떻게 바꿀 수 있을까? 나였다면 "직장인들이 '이제 산 하나 넘었네, 조금만 버티면 된다.'라고 생각하는 요일이 언제일까요. 수요일 아닐까요. 여러분 수고하셨습니다. 수고하신 여러분들을 위해 저희가 준비한 수요일 이벤트~"처럼 문장을 구성했을 것이다. 내가 지금 생각한 이야기와 문장이 흐름을 깨지 않는지, 누가 들어도 공감을 일으킬만한 이야기인지를 꼭 체크하자. <u>스토리텔링은 물 흐르듯 끊기지 않아야 하고, 프레젠터는 본인의 말하는 모든 흐름에 명분이 있어야함을 명심하자.</u>

모든 승리는 마음가짐에 달렸다

프레젠터 일을 하면서 가장 많이 받는 질문은 "안 떨리세요?" 혹은 "어떻게 하면 안 떨고 PT를 할 수 있어요?"이다. 정도의 차이가 있을 뿐, 사람이라면 누구나 PT를 앞두고 긴장과 불안을 느끼게 된다. PT를 전문적으로 하는 나도 입사 후 첫 PT를 했을 땐 무척 긴장했었다. 그렇다면 떨리는 마음을 가라앉히고 중요한 순간 실력을 보여주기 위해서는 어떤 마인드로 임해야 할까? 앞으로의 글은 오랜 시간 준비한 결과물을 잘 보여주기 위해, 우리에게 준비된 무대를 즐길 수 있도록 마인드 컨트롤 하는 방법에 대한 이야기이다.

무대에 오르기 전 - 비우자

가장 떨리는 순간은 결전의 시간이 다가오기 직전이다. 대기실에서 PT를 기다리다 보면 심장 박동수는 빨라지고 입이 바짝바짝 마르는 걸 경험할 수 있는데, 이 순간에는 오히려 마음을 편하게 비워야 한다. 의지를 다져도 모자라는데 마음을 비우라니, 이상하게 들릴 수 있지만 잘해야겠다는 마음은 오히려 큰 부담감으로 작용해 역효과를 일으키게 된다. 실제로 이런 마음 때문에 본인 역량을 못 보여주는 경우를 많이 봐왔다. 계약이 걸려있고 승진이 걸려있는 중요한 시간이기 때문에 잘하고 싶다는 마음이 들 수는 있지만 "아, 몰라. 어떻게든 되겠지. 내가 최고야." 라는 마인드로 덤덤하게 결전의 시간을 기다려야 한다. "정말 잘 해내야지."라고 마음먹는다고 갑자기 초능력이 생겨서 잘하게 되는 것도 아니고, 마음을 안 먹는다 해서 해내지 못할 일도 아니기 때문이다. 스스로 돌이켜 봤을 때 그동안 최선을 다했다면 분명히 잘하게 되어있고, 노력은 배신하지 않는다는 것을 수년간 PT를 하며 배웠다. 그래서 우리는 지난 시간 동안 최선을 다한 나 자신을 믿고 마음을 비워야 한다.

어떤 순간이 와도 이겨낼 수 있고 이겨내야 하는 곳이 바로 PT 현장인 것처럼, 부담감에 끌려가지 말고 자신감으로 이끌고 가는 사람이 되어보자.

"될 수 있고, 할 수 있다!"

무대에 오르고 - 쫄지 말자

사람들의 시선이 내게 쏠려있고 이제 PT를 시작하는 일만 남았다. 긴장이 최고조에 달하는 순간이다. 무대에 오르기 전 마음을 비우고 마인드 컨트롤을 했다면 무대에 오른 뒤에는 겁먹지 말아야 한다. 입찰PT가 진행되는 현장은 고요하고 긴장된 분위기가 흐르는데, 그 분위기에 휘둘리면 오랫동안 준비한 PT의 결실을 제대로 볼 수 없다.

몇 년 전, 청문회에 쓰일 법한 초시계와 내가 하는 말 하나하나를 다 기록하는 직원들이 있는 회의장에서 PT를 진행한 적이 있다. 위압감을 받기에 충분한 상황이었고 내가 경험했던 PT 중 가장 긴장되는 분위기였다. 하지만 그럴수록 나는 손에 포인터를 더 꽉 쥐고 PT를 시작했다. 내가 온전히 해내야 하는 시간이니까. 그래서 이처럼 무거운 분위기의 PT를 겪을 때면 나는 속으로 생각한다. '내가 최고다, 절대 쫄지 말자.' 이는 누군가 앞에 서야 하는 순간 우리 모두가 가져야 할 마인드이다.

어차피 그 순간 해내야 할 사람은 나이고, 나와 같은 목표를 가진 동료들이 있다면 그 무엇도 두려울 것이 없다.

"쫄지 말자, 내가 최고야."

무대가 진행되는 순간 - 인정하자

 마음을 다잡고 PT를 시작했음에도 멘탈이 흔들리는 순간이 있다. 출력물만 바라보는 사람, 누가 봐도 화난 듯한 표정으로 쳐다보는 사람, 갑자기 공격적인 질문을 꺼내 당황하게 만드는 사람. 즉, 사람들의 반응이 나타나는 순간이다. 그런 반응을 보면 나도 모르게 목소리가 작아지고, 자신감이 떨어진다. 이때 우리가 가져야 할 마인드는 바로, '인정하자'이다. "내 이야기에 귀 기울여 주지 않을 수 있다, 우리를 싫어하는 사람이 있을 수 있다." 라고 인정하며 PT를 해야 한다.

 한 번은 PT도중 우리 회사에 대한 부정적인 이야기를 하는 질문이 나온 적이 있었다. 당황했지만 사실이 아닌 이야기였기 때문에 차분히 답을 하며 상황을 넘겼다. 이런 상황에서도 내가 흔들리지 않고 PT를 할 수 있었던 이유는 늘 인정하는 마음을 가지고 있기 때문이다. 모두에게 사랑받고 좋은 사람으로 기억되고 싶지만, 누구에게나 그런 존재가 되기는 쉽지 않고 그렇게 되기 위해서는 정말 많은 품이 든다. PT 현장도 그렇다. 100명이 있으면 100가지의 생각이 있음을 인정해야 한다. 우리를 싫어하는 한 사람을 신경 쓰다 보면 페이스에 휘말려 제대로 된 PT를 할 수 없기 때문이다. 그럴 때일수록 우리에게 호의적인 사람들, 나의 편이 되어주는 동료들을 바라보며 힘을 얻어 PT를 해야 한다.

"인정하자, 모두에게 사랑받을 수 없다는 걸."

무대가 끝나고 - 작아지지 말자

 마지막 챕터는 성공적으로 PT를 끝내지 못했을 상황에 대한 이야기를 하고 싶다. 프레젠터로 입사한 지 얼마 안 됐을 때 스스로 자책을 많이 한 PT가 있었다. PT를 시작하려고 사람들 앞에 선 순간 사시나무 떨듯 온몸이 떨리기 시작했고, 망쳤다는 생각과 동료들에게 미안한 마음 때문에 그들의 얼굴을 제대로 쳐다보지 못했다. 계속 위축되고 작아지는 스스로를 보면서 참 힘든 시간이었는데, 아이러니하게 내가 망쳤다고 생각한 PT 결과가 반대로 너무 좋았다. 심지어 PT가 좋았다는 고객사의 평가까지 들려왔다. 내가 못했다고 생각한 일도 남들이 봤을 때는 다를 수 있음을 깨달은 경험이었다. 그 이후 부족했다고 느낀 PT는 꼭 피드백을 남기고 '그래도 애썼다, 잘했어.'라는 말로 스스로를 다독였다. 이렇게 스스로를 위로하며 보내야 다음 무대에 자신 있게 120% 해낼 수 있기 때문이다.

"나는 왜 이것밖에 못 했지?"하는 생각이 들 땐, 좌절보다 "나니까 이 정도 해냈을 거야, 스티브 잡스가 왔어도 쉽지 않았을 거야." 하는 자기 격려가 필요함을 잊지 말자. 끝으로, 무언가 망친 경험으로 의기소침해 있는 독자들에게 이 말을 전하고 싶다.

"여러분이니까 그 정도 해낸 거라는 걸 꼭 잊지 마세요."

우리에게 필요한 것은 덜어내기(-)이다

PT를 준비하다 보면 "이거 좀 빼는 게 어떨까요?"라고 말하는 사람과 "그건 중요해서 못 빼고, 이것도 중요한데 하나만 더 추가할까요?"라고 말하는 사람 간의 이견이 발생한다. 입찰에 참여하는 입장에서는 더 많은 것을 보여주고 들려주고 싶지만 우리는 항상 듣는 사람의 입장을 생각해야 한다. 그래서 나는 PT 자료를 볼 때 내가 심사위원이라면 이 PT를 기억할 수 있을까? 생각하며 자료를 살펴본다. 그런데 한번은 다 완성된 최종본을 처음부터 끝까지 다시 구성한 적이 있었다.

시간제한이 없는 PT여서인지 그날 받은 최종 자료는 페이지 수만 100장이 넘었다. 입찰이 진행되는 장소가 여러 곳이면 장수가 많아질 수 있지만, 이 PT는 딱 한 곳만 진행되는 입찰이었고 전체적으로 반복되는 내용들이 너무 많았다. 담당자와 의논하기 위해 전화를 걸어 이번 입찰에서 가장 중요한 내용이 어떤 것인지 물었으나 다 중요한 내용이라 뺄 수 없다는 답변을 받았다. 결국, 나는 우리 회사만 어필할 수 있는 점에 대한 체크리스트를 만들었다. 의미 없이 반복되는 내용과 고객이 궁금해하지 않을 내용들을 전부 덜어내고, 3가지 메시지로 요약해 총 65페이지로 압축한 자료로 PT를 다시 구성했다. 그 결과 자료 분량은 제일 적었지만, PT는 제일 좋았다는 고객사의 평을 들을 수 있었다.

메시지를 전달하는 입장이라면 욕심을 버려야 한다. 우리가 말하고자 하는 바를 듣는 사람이 모두 기억해주는 것은 기적에 가까운 일이기 때문이다.

자료 내용 외에도 욕심을 버려야 하는 부분이 있는데, 그것은 바로 PPT 애니메이션이다. 애니메이션은 우리가 만든 자료를 한 층 더 돋보이게 만들어주는 좋은 기술이지만 여기서도 우리는 욕심을 버려야 한다. 한번은 애니메이션이 과도하게 들어간 PT자료를 받았다. 보기에는 화려해 보였지만 애니메이션이 장마다 들어가 있어 자료를 넘길 때마다 끊기는 상황이 계속 발생했다. 결국 담당자와 나는 멋이 조금 없더라도 로딩이 오래 걸리는 곳의 애니메이션을 부분 삭제했다. 그럼에도 불구하고 PT당일, PT는 순조롭게 진행되지 못했다. 갑작스럽게 고객사가 준비한 노트북으로 PT를 하게 되었는데, 사양이 낮아 장마다 로딩이 걸리는 것이었다. 포인터를 누르면 바로 다음 자료가 나와야 하는데 몇 초가 지나도 나오지 않았고, 나는 침묵이 생기지 않도록 하기 위해 쉬지 않고 말을 했다. PT가 끝나고 담당자와 나는 "15년 같던 15분이었다."는 말로 그날의 PT를 표현했다. 만약 이날 우리가 욕심을 버리지 않고 처음 만들었던 자료로 PT를 했다면 정해진 시간 내에 끝낼 수 있었을까?

<u>많은 것을 전달하고 싶은 마음이 때로는 독이 될 수 있다. 좋은 결과를 위해 우리에게 필요한 것은 더하기(+)보다 덜어내기(-)임을 기억해야 한다.</u>

비대면에 대처하는 자세

코로나로 인해 PT현장에도 변화가 생기기 시작했다. 고객사에서 비대면으로 PT를 하겠다고 공지한 것이다. 지금이야 비대면으로 진행되는 업무가 일반화됐지만 2020년 초만 해도 익숙한 일이 아니었다. 나는 처음 겪어보는 비대면 PT를 앞두고 대면과 비대면의 차이는 무엇인지, 차이를 좁히기 위해 필요한 것은 무엇인지 고민했다. 생각 끝에 직접 청중들의 반응을 확인할 수 없는 비대면 PT특성상 어느 때보다 심사위원들을 집중시키는 '집중력'이 중요하다고 판단했다.

그렇다면 청중의 집중도를 높이기 위해서는 어떻게 해야 할까? 답은 소통에 있다. 대면 PT때보다 더 많이 심사위원들과 소통해야 한다. PT의 목적은 심사위원에게 우리가 준비한 메시지를 잘 전달하기 위함이기 때문에 그들이 잘 듣고 있는지, 이해하고 있는지 체크하며 PT를 진행해야 한다. 그리고 역으로 심사위원의 입장이 되어보는 것도 하나의 방법이다. 나는 비대면 강의를 들을 때 강사들이 어떻게 수강생들을 집중시키는지 살피며 듣는 사람의 입장이 되어본다. 이런 방법을 이용한다면 청중의 입장에서 어떤 말하기가 집중이 되고 더 잘 들리는지 배울 수 있다.

처음 비대면 PT를 진행하던 날, 노트북 너머로 심사위원들과 인사하며 '이런 세상도 오는구나.'라고 생각했었는데 이제는 일상이 되었다. 앞으로는 비대면으로 진행되는 일들이 더 많아질 테니 그에 대비해, 비대면 PT시 체크해야 할 부분을 간략하게 정리해보았다.

— useful tip 1

1) PT 진행 장소 체크

 비대면 PT는 장소 선정 또한 중요하다. 공간 내 인터넷 속도는 어떤지, 소리가 너무 울리지는 않는지, 조명이 어둡지 않은지 등 전체 환경을 고려해야 한다. 회사 내 회의실도 좋지만 시설이 여의찮다면 스터디 카페나 세미나룸을 빌려 진행하는 것을 추천한다.

2) 기기 (노트북/PC) 테스트

 비대면 PT의 경우 각자의 노트북/PC로 PT에 참관하기 때문에 우리가 가지고 있는 기기 사양이 좋다고 안심해서는 안 된다. 테스트해 볼 수 있는 다양한 사양의 노트북/PC을 연결해 화면이 잘 넘어가는지, 어느 부분에서 구동이 느려지는지 등 실전처럼 체크해야 한다.
→ 로딩이 길어지는 구간이 있다면 과감하게 애니메이션이나 영상을 삭제해 자료 용량을 줄이자.
→ PPT파일의 경우, 그림으로 저장해 용량을 줄이는 방법도 있으니 이를 활용할 것.

3) 기기(노트북) 여러 대 연결하기

 PT 진행 중인 노트북 외에 다른 노트북 하나를 더 접속시켜 다른 아이디에서도 자료 구동이 잘 되는지 확인하며 PT하는 것이 좋다. 자료가 늦게 띄워진다면 그 속도에 맞춰 PT흐름을 늦춰야 한다. 스크린에 떠 있는 자료만 보면 되는 대면 PT와 달리 비대면 PT는 입만큼 눈이 빠르게 움직여야 한다. 오히려 대면 PT보다 비대면 PT에서 준비하고 신경 쓸 부분들이 많은데 그중에서도 기계로 인한 돌발 상황이 많이 생기는 만큼 철저히 준비해야 한다.

4) 시선 처리

 PT 자료와 발표자 얼굴이 화면에 같이 잡힐 경우 사용할 수 있는 방법이다. 보통 화면에 나오는 자료를 보며 PT를 하기 때문에 발표자의 시선은 노트북 렌즈 아래쪽을 향하게 된다. 청중의 집중도가 분산되지 않도록 가끔은 노트북 렌즈를 바라보자. 발표자가 내게 말 하고 있다는 것을 듣는 이가 느낄 수 있도록 해야 한다. 비대면이라 할지라도 가장 중요한 것은 소통이라는 것을 잊어서는 안 된다.

5) 상태 체크

비대면 PT가 진행되기 전, PT에 참가한 사람들의 기기 상태를 체크해야 한다. "제 목소리 잘 들리시죠?", "지금 공유한 영상 잘 보이시나요?" 등등 문제없이 세팅이 잘 되어있는지, PT 시작 전 간략한 질문을 통해 상황을 파악해야 한다.

패배라 쓰고 경험이라 읽는다

모든 경쟁에는 승리와 패배가 존재한다. 프레젠터 일을 하면서 매 순간 승리할 수 있다면 얼마나 좋을까? 하는 생각을 한 적이 있다. 하지만 입찰 현장은 예기치 못한 변수가 많아 최선을 다했음에도 예상과 다른 결과를 거머쥘 때가 많다. 처음 프레젠터로 일했을 때는 결과에 일희일비하며 힘든 시간을 보냈었는데 그게 오히려 나를 깎아 먹는 일임을 안 뒤부터는 일하는 자세가 달라졌다. 결과에는 초연하되 다음에 실패하지 않기 위해 패배에서 교훈을 얻고자 했다. 그래서 지금까지 겪었던 다양한 패배 경험에 대한 이야기를 나누고자 한다.

Case1. 지는 게임이 시작되었다

"입찰을 진행하긴 할 텐데 업체는 안 바뀔 가능성이 큽니다."

명함을 주고받은 뒤 앉자마자 총무팀 담당자에게 들은 말이었다. 이 미팅을 하기 위해 150km가 넘는 거리를 운전해 왔는데 이게 무슨 말인가, 그럴 거면 그냥 재계약을 하지 입찰을 왜 띄우는 건지 야속했고 새벽부터 부산스럽게 준비해온 내 모습이 괜히 초라해 보였다. 현재 운영하는 업체와 오래 했고 만족도도 나쁘지 않은 걸 알았지만 담당자에게 '가능성이 거의 없다.'라는 이야기를 들을 줄은 몰랐다. 허탈한 마음도 잠시, 다시 정신을 차리고 입찰 일정과 현재 운영 업체는 어떤 점을 잘하는지 등에 관한 이야기로 미팅을 이어갔다. 미팅이 끝난 후 팀장님께 보고했고 우리는 입찰에 참여하기로 했다. 누군가는 가능성 없는 경쟁에 왜 굳이 힘을 쏟냐고 말할 수 있다. 하지만 우리는 0.1%라도 변화가 생길 수 있다는 믿음을 가지고 늘 그렇게 경쟁에 뛰어든다. 애써 기운을 내 제안서를 만들었고, 담당자는 이 제안서를 우편이나 메일로 보내도 된다고 했지만 우리는 다시 150km를 달려 고객사를 찾아갔다. 직접 얼굴을 보고 제안서를 설명하고 싶은 마음과 지더라도 최선을 다해 지고 싶은 마음에서였다.

 PT 평가가 없었지만 프레젠터로서 진짜 PT가 진행되는 것처럼 제안서를 설명하고 우리의 솔직한 마음도 전했다. "지금 업체랑 앞으로 몇 년, 더 나아가 10년 이상 함께할 수도 있다. 하지만 어느 순간 새로움에 대한 호기심이 생길 때 우리를 기억해 주셨으면 좋겠다. 그 마음으로 2시간 넘는 거리를 달려왔다."라고 진심 어린 마음을 전했다. 그리고 며칠 뒤 현재 운영 업체와 재계약했다는 이야기를 들었다. 우리는 완벽하게 졌다. 하지만 우리는 후회하지 않았다. 후회 없이 패배하기 위해 최선을 다했기 때문이다.

늘 승리와 패배가 존재하는 경쟁의 시간을 보내면서 이기는 것에 초점을 맞추며 프레젠터 일을 해왔었는데, 이 기회를 계기로 나는 지는 것 또한 최선을 다해야한다는 걸 배울 수 있었다.

Case2. 0.01점의 소중함

국가나 지방자치단체가 운영하는 곳들은 모든 전형과 과정이 투명하게 진행된다는 특징이 있다. 그래서 심사위원도 내부 직원 외에 해당 사업과 관련된 외부 전문가를 섭외한다든가, 회사 이름을 밝히지 않는 블라인드 평가를 도입해 공정성 있는 평가가 이뤄지도록 진행하는 경우가 많다. 이번에 참여한 공공기관 입찰 PT는 회사 이름을 거론할 수 없는 블라인드 PT로 진행이 되는 경우였다. 회사 이름을 얘기하면 즉시 PT평가에서 0점을 받는 다소 무서운(?) 조건이 제안 요청서(RFP)에 적혀있었다. 실수로 회사 이름을 얘기하는 순간 PT를 위해 준비한 모든 것들이 물거품 되는 것이다. 회사 이름은 무의식중에도 나오는 단어라 실수하면 어떡하나 걱정을 많이 했지만 다행히 실수 없이 PT를 마칠 수 있었다.

결과는 며칠 뒤 홈페이지에 게시되는데 조금 다른 점은 심사위원이 채점한 평가표를 이름만 가린 채로 스캔해 점수까지 모두 공개한다는 부분이었다. 결과가 게시됐다는 연락을 받고 채점된 평가표를 하나씩 보는데 무려 소수점 두 자리까지 점수 계산이 되어있었다. '한 끗 차이로 결과가 나오겠구나.'라고 생각하며 최종 결과를 확인하는데 1등과 2등의 점수 차이는 0.01이었다. 그렇다, 우리는 0.01점 차이로 패배했다. 살면서 1점으로 당락이 결정되는 순간은 많이 봤지만 0.01점으로 승리와 패배가 결정되는 순간을 나는 그때 처음 경험했다. 조금 더 어필을 잘했더라면, 설명을 조금만 더 와 닿게 했더라면 결과는 달라졌을까? 스스로 자책을 많이 했던 PT 중 하나였고, 이후 우리가 모든 평가에서 압도적으로 이기고 있더라도 그 뒤에 또 다른 평가가 남아있다면 안심하지 않고 끝까지 집중해야겠다고 다짐했다. 0.01점으로도 판은 달라질 수 있으니까.

Case3. 억울한 패배

입찰의 목표는 승리이고 입찰을 진행하는 과정에서 가장 중요한 것은 투명성이다. 하지만 투명하게 진행되는 경우와 반대로 논리적으로 이해되지 않는 상황으로 입찰이 진행되는 경우도 가끔 있다. 그래서 나는 이번 소제목을 '억울'이라는 키워드로 정했다. 한 제조업체 입찰을 진행할 때의 일이었다. 입찰을 담당하는 담당자를 비롯해 심사에 참여했던 고객사 내부 직원들이 "A사(우리 회사)가 무조건 될 거예요. 평가 점수가 제일 높았고 직원들 반응도 제일 좋았어요."라는 말까지 해줄 정도로 우리는 모든 전형에서 압도적인 평가를 받았었다. 공식 결과는 나오지 않았지만 모두 우리의 승리를 예견했던 날이었다. 하지만 며칠 뒤 발표된 최종 결과는 우리 회사가 아닌 B 업체가 선정됐다는 소식이었다. 이해할 수 없는 상황에 우리는 이의를 제기했지만, 고객사 담당자는 "전체 평가 점수에서 조금 착오가 있었다. 다음을 기약하시죠."라는 말을 반복할 뿐이었다. B 업체가 고객사 키맨(*주요 결정권자)과 막역한 사이라는 것을 알고 있었고, 우리도 그 부분을 염려했지만 모든 전형이 투명하게 진행되는 모습을 보고 안심했었다. 또한 모든 전형에서 높은 점수를 받았기에 최종 선정은 당연히 우리라고 생각했었는데 모든 것이 착각이었던 것이다. '지연,학연,혈연'이 나쁘다는 이야기가 아니다. 어떤 것보다 더 강력한 영업 무기가 될 수 있는 수단임을 부정하지 않는다. 다만, 그간의 평가와 점수는 제로가 되고 오직 '지연'으로만 결과가 결정되는 상황이라면 이야기가 달라진다.

이처럼 수년간 영업 현장에서 동료들과 함께 프레젠터 일을 해 오면서 여러 가지 형태의 '패배'를 겪었고 실패에도 여러 가지 색이 있다는 것을 알았다. 억울한 패배라 할지라도 우리는 받아들여야 한다. 이기지 못했으니까. 그래서 프레젠터로서 혹은 영업을 하는 사람이라면, 모든 패배에 대해 깔끔하게 승복하고 이번 실패를 경험 삼아 다음을 더 멋있게 해내겠다는 마음을 가지는 것이 중요하다. 오늘은 졌을지라도 내일은 어느 때보다 멋지게 승리할 수 있을 테니까.

"우리가 실패에서 배우면 실패는 성공이 된다."

-말콤 포브스

성취감, 오늘을 버티게 해주는 힘

매 순간 경쟁하는 일이 힘들지 않냐는 질문을 많이 받는다. 입찰의 목표가 승리인 만큼 이기는 것에 집중하는 시간들이 지칠 때도 있지만, 승패가 명확한 일이다 보니 그만큼 다른 직업과 비교해 느끼는 성취감도 뚜렷하다. 성취감을 크게 느낄 수 있었기 때문에 프레젠터 일을 더 즐겁게, 또 오래 할 수 있었다고 생각한다. PT 현장에서 일하며 배우고 느낀 것들을 정리한 2번째 챕터는 내가 오래도록 프레젠터 일을 할 수 있도록 해 준 최고의 성취감을 느낀 PT 이야기로 마무리 지으려 한다.

어느 겨울, 100명의 심사위원이 모인 곳에서 현장 투표와 개표까지 이어지는 PT가 있었다. 투명성을 위해 참여한 업체 모두가 보는 자리에서 현장 개표를 하는 형식이었는데, 몇 년간 수많은 PT를 했지만 업체들도 참석한 가운데 개표하는 PT는 처음이었다. 처음 경험해보는 PT인 만큼 나는 최선을 다해 준비했고, PT를 끝낸 뒤 이보다 더 잘할 수는 없다고 생각했다. 이어지는 질의응답에서도 함께한 팀장님들과 과장님께서 완벽하게 마무리를 해주셨다. 우리는 준비한 것 이상으로 잘 해냈다. 하지만 문제는 100명의 심사위원이 어떤 마음을 갖고 있을지 예측할 수 없다는 것이었다. 참가한 5개 업체의 PT가 끝난 뒤 현장 투표가 시작됐고, 대강당으로 모여 달라는 관계자의 안내와 함께 실시간 개표가 이어졌다. "A사, A사, C사, B사…." 내가 정치에 출마라도 하는 것처럼 옆에 앉은 동료와 손을 잡으며 한 표 한 표에 촉각을 내세웠다. 그 결과, 진짜로 해.냈.다..! 42% 득표율을 기록하며 우리가 최종 선정된 것이다. 그 자리에서 크게 소리치며 좋아할 수 없어 우리는 감정을 억누르며 밖으로 나와 "우리가 해냈다!"라며 손을 맞잡고 환호했다. 모두가 보는 앞에서 투표를 공개하고 바로 최종 결과가 발표되는 그 순간 느꼈던 성취감을 아직도 잊을 수 없다. 프레젠터 일을 지금까지 할 수 있게 해 준 원동력이 된 시간이었다.

내가 지금 하는 일을 지속할 수 있게 해 주고, 앞으로 나아갈 수 있게 만들어주는 힘은 성취감에 있다. 언젠가 지친 순간을 마주하게 된다면 내가 지금까지 쌓아온 성취감을 다시 떠올려보자. 무언가 해냈다는 것은 앞으로도 해낼 수 있다는 뜻일 테니까. 그 믿음만 있다면 우리는 설득이 필요한 모든 순간, 어디서든 제 몫을 해낼 수 있다.

Chapter 2-1

설득의 기술

> ## 사고 싶어지는 설득의 기술
>
> 매일 고객을 마주하며 설득해야 하는 영업/비즈니스 현장에서
> 살아가는 이들을 위해 준비한 미니 챕터이다.
> 쉽게 활용할 수 있도록 사례 중심으로 이야기를 구성했다.
> 내가 하고 있는 업에 하나씩 적용해
> 이전과는 다른 성과를 내는 여러분을 기대해본다.

나는 어떤 말을 하는 사람인가

우리는 매일 누군가를 설득하며 살아간다. 작게는 사고 싶은 물건을 사기위해 가족을 설득하는 것에서부터 몇 억 단위의 입찰을 따내기 위해 고객사를 설득하는 것처럼 말이다. 앞에서는 입찰이라는 틀 아래 이뤄지는 설득 현장을 이야기 했다면, 지금부터는 매일 고객을 만나며 제품을 소개하고 판매하는 업을 가진 분들을 위한 이야기를 해보고자 한다. 영업이나 상담 업무에서 큰 성과가 보이지 않아 고민 중인 분들에게 도움이 될 수 있는 글이다.

나는 영업을 하거나 고객을 상대하는 일을 하는 분들을 만나면 가장 먼저 나의 '말'에 대한 진단을 해보라고 이야기한다. 과연 나는 팔리는 말하기를 하고 있는 사람인지, 고객의 행동을 이끌어 내는 말하기를 하는 사람인지 말이다. 교육하면서 만났던 한 수강생이 있었다. 늘 그렇듯이 가장 먼저 '말'에 대한 진단부터 시작했다. 본인이 가지고 있는 말에 대한 고민 또는 문제점이라고 생각되는 부분이 있는지 이야기를 주고받았는데 그분은 전혀 문제가 없는데 이상하게 성과가 나질 않는다고 하였다. 어떤 식으로 제품을 설명하는지 내가 고객이라 생각하고 시뮬레이션해달라 요청했고, 나는 바로 그분의 문제점이 무엇인지 캐치할 수 있었다.

수강생: 이 화장품 좋다는 이야기 들어보셨을 거예요. 여기에는 OO이라는 성분이 들어있는데요. 이 OO성분은 ##성분이랑 만났을 때 큰 효과가 나요. 그래서 OO과 ##성분을 배합시켜서…

 화장품에 들어가는 성분 이름은 용기 뒤에 있는 글자만 봐도 어렵고 긴 단어가 대부분인데 이걸 고객 앞에서 나열하듯 설명하는 말하기를 하고 있었다. 말이 끝난 뒤 나는 고객들이 상품 설명을 듣고 바로 이해하느냐고 질문했고 그분은 뭔가 생각난 듯 "같은 질문을 여러 번 반복해서 많이 물어보시더라구요."라고 답했다. 쉽게 할 수 있는 말인데도 불구하고 어렵고 장황하게 이야기하는 것이 그 수강생이 가진 문제점이었다. 이후 판매하는 상품을 각각 정리하면서 고객이 받아들이기 쉬운 이야기들로 스크립트를 만들 것을 제안했고, 그 후 이전보다 말은 적게 하면서 더 높은 성과를 올릴 수 있었다는 피드백을 받았다.

 이렇듯 고객을 상대하는 일에서 우선으로 진행되어야 하는 것이 바로, '나의 말'에 대한 분석이다. 평소 일을 하면서 느꼈던 말하기에 대한 고민이 있다면 아래 칸에 자유롭게 메모해보자. 앞서 언급한 사례처럼 고객 혹은 지인들에게 많이 들었던 말을 메모해도 좋다. 제 3자가 해주는 말은 나에 대해 더 확실히 알 수 있는 객관적인 잣대가 되기 때문이다. 반면 아무리 고민해도 메모할 점이 떠오르지 않는다면 이 방법을 추천한다. 편한 사람과 있을 때 대화하는 내 목소리를 녹음하는 것이다. 녹음된 음성을 들어보면 내가 어떤 말하기를 하고 있는지, 내가 가진 언어 습관은 어떤 것이 있는지 확인할 수 있다.

memo

친구들과의 대화 혹은 회사 내 보고 발표 등 '말하기'를 떠올렸을 때, 나는 어떤 고민을 가지고 있는가? 어떤 부분을 더 잘했으면 하는지 자유롭게 메모해보자.

팔리는 말하기의 비밀 - 1) 살려야 한다

그렇다면 적게 말하고 큰 성과를 내는 '팔리는 말하기'는 어떻게 만들 수 있을까? 지금부터는 팔리는 말하기의 4가지 비밀에 대해 소개하고자 한다.

가장 먼저 소개할 첫 번째 비밀은 바로 "말은 살아있어야 한다."이다. 말 잘하는 사람의 특징 중 하나는 어떤 말을 하더라도 생동감 넘치게끔 이야기한다는 것이다. 그 현장에 없었지만 그 사람이 말하면 마치 같이 현장에 있었던 것 같은 착각을 일으키는 사람들이다. 살아있는 말을 하기 위해 우리가 기억해야 할 키워드는 무엇일까? 바로 '상상'이다. 내 말을 듣고 상대가 뭔가를 떠올릴 수 있도록 상상하게 만들어야 한다. 이를 잘 표현해주는 유명한 일화가 있는데 살펴보자.

어느 화창한 봄, 광고계의 전설인 데이비드 오길비(David Ogilvy)는 여느 때처럼 길을 걷다 우연히 구걸하고 있는 장님을 보았다.

"저는 장님입니다. 제발 도와주세요(I'm blind. Please help!)."

이러한 문구가 적힌 팻말을 목에 걸고 구걸하던 장님 옆을 지나던 오길비는 그냥 지나치려다 다시 되돌아가 장님의 팻말 메시지를 수정했다. 그 후 사람들이 하나 둘씩 장님의 빈 깡통에 돈을 채워 넣기 시작했다.

대체 데이비드 오길비는 장님의 팻말을 어떻게 바꿔 놓았을까.

"이렇게 날이 화창하지만, 저는 볼 수 없어요(It's a beautiful day and I can't see it)."

'저는 장님입니다.'라는 말은 1차원적인 전달에 그칠 뿐 사람들로 하여금 행동을 이끌어 낼 수 없지만 '상상'할 수 있도록 문장을 바꾸자 사람들의 마음이 움직인 것이다. 또 하나의 일화가 더 있다.

레스토랑 입구에서 노숙자 한 명이 피켓을 들고 있었다.

"집이 없어요, 도와주세요."

지나가던 한 남자가 이 노숙자에게 2달러를 쥐여주며 피켓의 문구를 바꾸고 두 시간만 더 서 있으면 5달러를 주겠다고 제안했다. 두 시간이 지난 후 식사를 끝낸 남자가 노숙자에게 약속한 대로 5달러를 내밀었다. 그 노숙자는 5달러를 사양하면서 오히려 10달러를 주겠다고 내밀었다. 두 시간 동안 무려 60달러를 벌었다는 것이다.

그 남자가 바꿔 써준 피켓의 문구는 이러했다.

"배고파 보신 적이 있나요?"

바로 마케팅 전문가인 패트릭 랑보아제의 일화이다.
(패트릭 랑보아제, 크리스토프 모린 지음/ '뉴로마케팅'중에서)

'배고파 본 적이 있나요?'라는 문장은 사람들로 하여금 여러 감정을 느끼게 한다. 누군가는 안타까움을 느낄 테고, 힘든 순간을 겪었던 사람이라면 이 문장을 보면서 지난날의 자신이 떠올라 기꺼이 도움을 주고 싶었을 것이다. 이처럼 같은 의미의 말이라도 건조한 말과 살아있는 말이 가져오는 효과는 천지 차이다.

그럼 지금부터 같이 살아있는 말을 한번 만들어보자.

[미션 1]

"저희 회사에서 생산한 이 제품은 **만개를 돌파하는 큰 성과를 이뤘습니다."

내가 이 회사의 영업 사원이라면 소비자에게 어떤 식으로 어필할 수 있을까? 단순 사실을 얘기하는 말, 건조한 말하기에서 소비자가 상상할 수 있도록 하려면 어떤 식으로 바꿔볼 수 있을까?

[박미건 이라면..]

정답은 없지만, 나라면 이렇게 바꿔 표현할 것이다.

"이 제품이 지금까지 약 **만개가 팔렸는데, 이는 잠실 종합운동장을 가득 채우는 숫자입니다."
"이 제품을 저희가 **만개를 팔았는데 도로에 깔면 서울과 대전을 오가는 수준일 거예요."

이전에 언급했던 '**만개가 팔렸습니다.' 처럼 무미건조한 문장을 위와 같이 고객의 머릿속에 상상하게끔 바꿔주는 것이다. 그래서 내가 판매하는 제품 혹은, 소개하는 상품에 대해 어떻게 해야 살아있는 말로 바꿔 표현할 수 있을지 치열하게 고민해야 한다. 그래야 다른 사람과 차별화된 성과를 낼 수 있다.

또 하나의 미션을 더 수행해보자. 다가오는 여름을 맞아 다이어트 제품을 판다면 어떤 말로 소비자들을 상상하게 만들 수 있을까?

[미션 2]

"이 제품은 체지방 감소에 도움이 준다는 사실이 입증됐습니다. 조금 더 편하게 체중을 감량해보세요~"

위의 문장을 살아있는 말로 바꿔본다면?

[박미건 이라면..]

 이런 표현은 어떨까? 평소 많이 들었던 문구를 인용해서 이야기해도 좋다.

"DIET에 T를 빼면 DIE… 죽을 듯이 하고 계시죠. 근데 그만큼 또 살이 안 빠지죠. 저희 이제 도움받고 좀 쉽게 해볼까요? 체지방 감소에 도움이 되는 제품…"

 위 문장을 들으면 죽을 듯이 러닝머신 뛰던 내 모습, 그만하고 싶은데 이대로 계속 살 거냐는 트레이너의 가혹한 한마디 등 많은 것을 상상하게 된다. 그러면서 공감하게 되고 공감은 곧 행동으로 이어지게 될 확률이 높다.
 또한, 이 문장은 여성분들이라면 대부분 공감할 것이다.

"날씬한 친구들 만나면 입버릇처럼 얘기하잖아요, 내 살 좀 가져가라~ 근데 친구들한테 이제 안 그래도 됩니다. 이 제품이 도와줄 거예요. 체지방 감소에 도움을 주는…"

 이처럼 내가 하는 말이 고객/소비자에게 살아있는 말로 전달되고 있는지 파악하고 일상생활에서도 어떻게 바꿔볼 수 있을지 고민한다면 어느새 당신은 상상의 달인이 되어 있을 것이다.

팔리는 말하기의 비밀 - 2) 키워드는 '미래'와 '걱정'이다

우리는 늘 미래에 대한 걱정과 불안을 안고 살아간다. 다가오지 않을 미래를 걱정하며 보험을 들고, 정년을 한참 앞두고도 이후의 삶을 걱정하며 저축을 하거나 투자 공부를 한다. 이번 단락은 이러한 감정(걱정, 두려움, 불안 등)을 자극하며 상대방을 움직이게 하는 기술에 대해 설명하고자 한다. 두려움과 걱정을 자극하는 것이 부정적으로 느껴질 수 있다. "그렇게까지?"라는 생각을 할 수 있지만 이를 악의적으로 사용하지 않고 나를 만나는 사람이 미래에 대해 한번 생각해보게 만드는 과정이라 생각하면 된다. "이거 안 하면 미래는 최악입니다. 이래도 안 하실 거예요?"의 뉘앙스가 아니라 "아, 이야기를 듣고 보니 그럴 수 있겠네, 생각이라도 해봐야겠다."라는 인식이 심어질 수 있도록 하는 것이다. 아래 사례들을 준비했으니 한번 살펴보자.

Case1.
내가 식품 기업 프레젠터로 일할 때의 일이다. 식품 기업이다 보니 외식, 식품에 관련된 뉴스를 자주 찾아봤는데 한번은 중국 김치의 비위생적인 부분이 크게 보도되는 일이 있었다. 그 뉴스를 보고 나는 '이거다!' 하는 생각이 들었다. 내가 재직 중이던 회사는 김치를 직접 생산하는 제조공장을 보유하고 있었기 때문에 김치 이슈를 활용해 우리가 가진 강점을 어필할 수 있겠다고 생각했다. 바로 PT에 활용할 수 있는 자료를 만들었고 내가 만든 자료 흐름은 다음과 같았다.

출처: 2017.06.14., JTBC뉴스룸
방부제 김치에 세균 덩어리 달걀…불안한 중국산 식품 뉴스

 실제 PT때는 비위생적인 부분이 더 부각되는 사진을 담았고, 해당 이미지를 띄우며 심사위원들에게 질문했다.

 "식당가셨을 때 김치 나오면 한 번쯤은 이런 생각하지 않으셨어요? 이거 중국산 아니야? 그런데 저희는요, 직접 다 담급니다."

 위 멘트와 동시에 우리가 가지고 있는 강점 포인트를 자료로 띄웠다. 워낙 비위생적인 부분이 크게 다뤄진 때라 질의응답 시간에도 김치와 관련된 질문이 많았고, 이를 바탕으로 실사(직접 회사가 운영하는 곳에 가서 먹어보는 평가 과정)에서도 다양한 김치를 준비해 하나씩 맛볼 수 있도록 하여 높은 평가를 받을 수 있었다. '직접 담근다니 김치 먹을 때 불안하지 않아도 되겠네.' 하는 인식을 심어준 것이다. 무미건조하게 "김치를 직접 만듭니다."와 같은 멘트만 하고 넘어갔다면 심사위원들의 기억에 오래 남을 수 없었을 것이다.

Case2.

현재 내가 운영하고 있는 사업체는 프레젠테이션 교육/코칭 전문 회사이다. 최근에는 키즈 교육도 함께 진행하고 있다. 아이들 교육 공간을 만들며 홍보를 위한 전단지를 만들었는데, 이때도 나는 '미래'에 대한 시각을 포인트로 잡아 전단지를 만들었다. "아이들이 커가면서 가장 중요한 건 스피치 능력입니다. 그러니 여기로 오세요~"의 느낌이 아니라 이 전단지를 보는 타겟층이 학부모인 것을 고려해 그들이 느낄만한 걱정 포인트를 잡았다. 누구나 한 번쯤은 회사에서 혹은 학교에서 앞에 나와 발표하고 말하는 것에 대해 긴장과 두려움을 느낀 적이 있을 것이다.

> 어린 시절 사람들 앞에서 발표하고 말하는 것이 두려웠던 아이,
> 어른이 된다면 나아질까요?
> 세월이 흘렀을 뿐 대학교를 가서도, 회사를 다니면서도
> 똑같은 두려움을 느끼게 됩니다.
>
> 이처럼 스피치 능력은
> 아이들이 얼마나 자주 말하고 토론하는 환경에 노출되느냐에 따라 달라집니다.
>
> 우리 아이의 미래를 위한 시간,
> 포커스온 스피치에서 경험해보세요

이 전단지를 보면서 '나도 그랬었는데 우리 애는 일찍부터 시키면 도움이 되지 않을까?' 하는 생각이 들도록 전단지 스토리를 구성했고 아니나 다를까, 전단지를 보신 부모님들은 적어도 저희 애는 저랑 다르게 잘했으면 좋겠다는 생각이 들었다며 이야기를 해주셨다.

Case3.

영업을 하다 보면 예기치 않은 문제 상황을 자주 마주하게 된다. 물론, 상황을 계약 관계에 놓여있는 부서나 회사끼리 소통을 잘해서 문제를 풀어 가면 좋은데 이 역시 쉽지 않다. 내가 영업 업무를 진행하면서 있었던 일이다. 시설 공사를 진행해야 하는

데 고객사 직원들이 일하는 시간에 공사를 할 수 없는 상황이라 부득이하게 주말에 공사를 해야 했다. 그런데 문제는 주말에 공사가 이뤄지게 되면 고객사 측 총무팀 직원이 동석해야 하고 공사 완료 후 보고서를 제출해야 하는 번거로움이 있었다. 평일 밤에 하면 당직하는 직원이 있어서 수월하게 진행할 수 있었지만, 공사 스케줄을 맞추기가 쉽지 않았다. 이러한 상황에서 어떻게 하면 담당자가 잘 받아들일 수 있도록 부탁할 수 있을까?

예시 1)

 나: 과장님, 저희가 이러이러해서 주말에 공사를 해야 하는데 과장님의 도움이 필요합니다. 죄송한데 잠깐만 시간을 내주시면 안 될까요?

 담당자: 제가 주말에는 시간 내기가 쉽지 않아요. 그리고 공사 스케줄 정도는 그쪽에서 어떻게든 맞춰서 해야지 왜 우리한테 그런 부분까지 요청해요?

 나: 일정을 맞추는 게 쉽지 않아 죄송스럽습니다. 한 번만 부탁드릴게요. 죄송합니다.

솔직히 말하면, 이 상황에서 담당자는 우리 부탁을 들어줄 이유가 없다. 주말에 나온다고 해서 출근 일수로 인정해주는 것도 아닐뿐더러 주말마저 회사에 나와야 한다는 사실이 어쩌면 더 불쾌하게 만들었을 수 있다. 그렇다면 이런 말하기는 어떨까?

예시 2)
나: 과장님, 저희가 이러이러해서 주말에 공사를 해야 하는데 과장님의 도움이 필요합니다. 죄송한데 잠깐만 시간을 내주시면 안 될까요?

담당자: 제가 주말에는 시간 내기가 쉽지 않아요. 그리고 공사 스케줄 정도는 그쪽에서 어떻게든 맞춰서 해야지 왜 우리한테 그런 부분까지 요청해요?

나: 일정을 맞추는 게 쉽지 않아 죄송스럽습니다. 사실 직원분들이 저희한테 불만을 얘기해주시면 차라리 나을 텐데 계속 과장님한테 이야기하니 과장님도 저희 때문에 스트레스를 많이 받으실 거 같아요. 조금만 도와주시면 이번 주에 빠르게 해결하겠습니다. 부탁드릴게요. 과장님.

예시 1과 2의 차이점은 직원들의 불만과 민원이 나에게로 올 수 있다는 인식을 심어준 것이다. 예시 1에서 언급된 대화가 일방적으로 부탁하는 느낌이었다면 예시 2에서는 이 문제가 담당자에게도 골칫거리가 될 수 있으므로 함께 풀어보자는 형식인 것이다. 여기에 더 확실히 쐐기를 박고 싶다면 "보고서는 저희가 공사 끝나는 즉시 작성해서 메일로 보내드리겠습니다."라는 한마디를 덧붙이면 된다. 그러면 흔쾌히 수락은 아니더라도 어느 정도 원하는 답을 얻을 수 있을 것이다.

영업 활동을 하면서 누군가에게 부탁해야 할 때는 미래에 관점을 두고 "지금 이걸 하지 않으면 어떤 일들이 생길까?"를 생각하며 말을 건네보자. 이전과는 다르게 내가 바라는 방향으로 이끄는 말하기를 하게 될 것이다.

팔리는 말하기의 비밀 - 3) 걱정은 넣어두세요

앞서 걱정과 두려움을 키워드로 잡아보자는 이야기를 했다. 이번 단락은 반대로 표현하는 방법에 대해 소개해 보겠다. 즉, 고객이 걱정하고 염려하는 부분을 미리 차단해 매출과 홍보에 도움을 줄 수 있는 기술에 대한 글이다.

몇 년 전 코로나19 확산으로 인해 사람들에게 생겨난 행동 패턴이 있다. 어깨로 밀어서 문을 열거나 소매 끝으로 손잡이 잡기, 두 손가락만 이용해 문고리 잡기 등과 같이 사람들의 손길이 많이 닿는 곳은 접촉을 최대한 피하려고 하는 행동이다. 여행을 갔을 때도 이전보다 더 위생에 대한 기준이 강해지면서 '청소 잘 됐을까? 코로나인데 괜찮겠지?' 등의 걱정이 사람들의 무의식중에 자리 잡았다. 그렇다면 우리가 만약 숙박업을 하는 사람이라면 어떤 문장으로 고객들의 걱정을 없앨 수 있을까?

「안심하세요. 살균 소독을 완료한 안전한 숙소입니다」

식당을 운영하는 사장님이라면, 고객이 수저를 꺼내면서 '소독 잘 된 거겠지?'하는 걱정을 하지 않고 마음 놓고 수저를 잡을 수 있도록 수저통에 문구 하나를 적어놓으면 된다.

「매일 적외선 살균기로 소독합니다」, 「고객의 입에 닿는 만큼 깨끗하게 세척합니다」 혹은 더 와 닿게 표현하고 싶다면 「저희도 이 수저로 밥 먹습니다」로 표현할 수 있지 않을까?

 이 일화는 최근에 있었던 일이다. 얼마 전 굉장히 멋있게 인테리어 된 옷집이 생겨 '한번 들어가 봐야지.' 했던 곳이 있었는데 인테리어가 고급스러워서인지 선뜻 문 열 용기가 나지 않았다. 들어가 볼까, 말까 하며 서성이던 차에 사장님이 환하게 웃으시며 "보고 가세요~"라고 말을 건넸고, 그 덕에 마음 놓고 구경할 수 있었다. 구경해 보니 옷 원단도 좋고 가격도 비싸지 않아 좋았는데 왠지 나처럼 구경 전에 머뭇거리는 손님이 많을 거 같았다. 그래서 사장님께 매장 입구에 〈편하게 보고 가세요, 구경 오시는 것만으로도 기쁨입니다〉 와 같은, 평범한 말이지만 세심한 배려가 담긴 작은 알림판을 해놓으면 어떨지 제안했다. 이 문구 하나로 '너무 비싸지 않을까? 들어가도 되나?' 하고 걱정하는 고객들의 걱정을 줄일 수 있을 거란 생각이 들었기 때문이다.

[미션]

가전제품이나 물건을 사러 갈 때 사람들이 항상 생각하는 부분이 있다.

"비싸게 사는 건 아니겠지?"
"최저가일까?"
"잘 사는 거 맞겠지?"

만약 당신이 상품을 판매하는 매장을 운영하고 있다면, 고객이 가지는 이와 같은 걱정을 어떤 문장으로 해소시킬 수 있을까.

"여기가 가장 싼 집입니다, 비싸다는 생각 드시면 언제든 환불하세요."와 같은 문장을 입구나 상담 테이블에 비치할 수 있지만, 어쩐지 조금 아쉬운 마음이 든다. 조금 더 새롭게 바꿔볼 수 없을까?

「**여기가 가장 싼 집입니다**」를 자신만의 색깔로 한번 바꿔보자.

어떤 문장을 작성했는가. 번뜩이는 아이디어가 생각난 사람도 있을 테고 오래 고민했지만 떠오르는 문장이 없는 사람도 있을 것이다.

 내가 생각한 문장은 바로 이러하다.

「**여기저기 다니지 마세요,**
 요즘 휘발윳값이 리터당 2천 원이에요」
→ 다른 곳 다녀봤자 기름값만 드니 여기서 구매하세요

 이처럼 말은 어떤 키워드를 잡고, 어떤 방향으로 얘기를 할지에 따라 전혀 다른 이야기로 만들어 갈 수 있으므로 이를 얼마나 잘 활용하는지가 결과에 큰 차이를 불러온다.

팔리는 말하기의 비밀 - 4) 신빙성의 키

"주문 폭주로 배송까지 3주가 예상됩니다."

평소 집에서 먹는 식품이 떨어져 주문하려는데 빨간색으로 쓰인 큰 팝업창이 나타났다. 갑자기 왜 주문이 많아진 거지? 3주나 기다려야 하나? 하며 생각하다 주문 폭주의 원인을 알아냈다. 한 건강 프로그램에서 해당 제품이 건강에 도움이 된다고 했기 때문이다. 여기서 한번 생각해보자. 왜 사람들은 방송 한 번에 구매까지 하는 행동을 하는 것일까?

바로 '신뢰'를 충족시켜줬기 때문이다. '방송에서 얘기할 정도면 진짜 좋은가 봐.', '의사가 얘기했으니 믿을만하지.'와 같은 생각처럼 우리는 공신력 있는 기관이나 전문가의 말을 행동의 한 지표로 판단하곤 한다. 그래서 내가 판매하는 제품과 서비스에 사람들이 믿을 수 있는 근거로 내세울 자료가 있다면 반드시 활용해야 한다.

1) 증거 활용

각종 연구 결과나 인증서, 해당 분야 전문가가 추천한 이력, 수

치로 증명할 수 있는 통계치가 있다면 반드시 영업 단계에서 증거로 활용해야 한다.

2) 전문가가 아니어도 된다

 전문가 추천이나 증명할만한 통계치가 없다면 하루라도 빨리 사람들의 후기를 모아야 한다. 물건을 구매할 때 우리는 전문가의 말에도 신뢰를 갖지만, 그 제품을 미리 경험해본 사람들의 이야기에도 집중하기 때문이다. 그래서 초반에는 다양한 할인 혜택과 이벤트를 앞세워 내가 판매하는 제품/서비스에 대한 사람들의 후기를 빠르게 모아야 한다. 좋은 제품인데 후기를 모으기 위해 할인하고 혜택을 제시하는 것이 아깝다고 생각할 수 있지만 두 개를 얻고 싶다면 하나를 내어줄 줄 알아야 한다.

최고의 설득은 경청이다

좋은 커뮤니케이션의 조건에서 빠지지 않는 키워드는 단연 '경청'이다. 하지만 이를 영업 현장이나 일상생활에서 실천하는 사람들은 많지 않다. 본능적으로 인간은 듣기보다 말하기를 좋아하는 성향이 있으므로 누군가의 말을 듣고 있는 것은 쉬운 일이 아니다. 그러나 이를 잘 활용하면 나를 찾아오는 사람들을 전부 나의 고객으로 만들 수 있다. 실제 내가 운영 중인 아카데미에 상담 목적으로 방문한 학부모들은 어떻게 우리 아이를 잘 아시냐며 신기해하신다. 하지만 내가 한 것은 오직 이야기를 들었을 뿐이다.

아이 교육과 관련해 상담하러 온 어머니와의 대화 내용이다.

어머니: 안녕하세요~ 간판 보고 상담받아보려고 왔어요.

나: 안녕하세요~ 여기 앉으시고, 상담일지 잠깐 작성 좀 해주세요.

간략하게 상담일지 작성이 끝나면 대부분 학부모님은 본인들의 이야기를 먼저 한다.

"아이가 집에서는 말을 잘하는데 밖에서는 입을 꾹 닫고 제 뒤로 숨어요."
"학교에서 발표시켰는데 아무 말도 못 하고 왔다더라구요, 그 말 듣는데 얼마나 긴장됐을까 싶어서 마음이 아팠어요."

 이처럼 다양한 고민거리를 이야기한다. 만약 바로 이야기를 이어가지 않을 경우 "00이가 어떤 부분을 더 잘했으면 하세요?"라는 질문을 던지며 이야기를 이어간다. 중간에 끼어들고 싶은 부분이 있지만 참고 학부모의 이야기를 경청하는 것이 내가 지키는 첫 번째 자세다. 그래야 정확한 문제점을 파악할 수 있고 해결책을 제시해줄 수 있기 때문이다. 반대의 상황도 존재한다. 아이와 같이 상담을 온 경우, 지금도 충분히 잘하고 있어서 뭔가 개선해야 할 부분이 보이지 않을 때는 이렇게 질문을 던지며 이야기를 경청해야 한다.

"00이는 지금도 잘하는데, 어떤 점이 부족해 보이셨어요?" 배움이란 부족한 것을 채우는 것이 아니라 잘하는 걸 더 잘할 수 있도록 만들어 주기 위해 찾는 곳이기도 하기 때문이다. 그렇게 질문을 던지고 나면 "말은 너무 잘하는데 장황하게 얘기해서 논리적으로 말하는 걸 알려주고 싶어요.", "발표도 잘하고 말도 잘하는데 앞으로 지도자로서의 역량을 갖췄으면 좋겠어요."처럼 바람을 이야기해준다. 그럼 그에 맞는 해결책을 전문적으로 제시하고, 앞으로 아이가 받게 될 교육에 대해 이야기하면 된다.

여기서 가장 중요한 점은 내가 먼저 나서서 말을 하면 안 된다는 것이다.

"우리 학원은 이런 걸 잘해요. 이 커리큘럼은 특별한 부분이 있어요. ~~해서 특목고도 많이 갔구요~"

명심해야 한다. 나를 찾아온 고객은 내가 판매하는 상품이나 서비스에 대한 자랑을 듣기 위해 그 자리에 앉아 있는 것이 아니다. 이 제품과 서비스가 내 문제점을 해결해줄 수 있을까? 가 포인트라는 걸 잊어서는 안 된다.

그리고 나는 학부모가 아닌 아이들의 이야기도 듣는다. 수업을 듣는 대상은 아이이고 아이가 말하기에 대해 어떤 생각을 하고 있는지가 중요하기 때문이다. 그래서 첫 수업 때 꼭 아이와 함께 해당 질문들에 체크하며 이야기 나누는 시간을 가진다. 아래는 실제 아이들과 체크하는 일지 중 일부를 참고용으로 첨부

하였다.

> <체크해보아요>   싫을때? 떠 듣고있을때
>
> 1. 친구들과 이야기 하고 있을 때 제일 기분이 좋다   ☑네 □아니요 □모르겠어요
> 2. 선생님과 친구들 앞에서 이야기 하는게 즐겁다   ☑네 □아니요 □모르겠어요
> 3. 내가 생각하고 있는 이야기들을 친구에게 알려주고 싶다 ☑네 □아니요 □모르겠어요
> 4. 모르는 친구가 와서 말을 걸어오면 기분이 어떨까? ☑좋아요 □부끄러워요 □싫어요

이처럼 경청하는 자세는 설득에 있어 가장 중요한 부분이다. 얼마 전에 겪은 또 하나의 사례를 소개하고자 한다. 청소기를 사야 해서 전자제품 매장을 방문했을 때의 일이다.

직원: 어서 오세요, 찾으시는 제품 있으세요?

나: 청소기 좀 보려구요.

직원: 청소기는 이쪽에 있습니다. 여기 보시면 제일 많이 찾으

시는 제품이 이건데요. 이 제품은 ~~ (설명) 그리고 옆에 있는 제품도 많이 찾으시는데 좋은 점은 이거에요 ~ (설명)

두 번째로 방문한 매장이었지만 나는 다시 첫 번째 매장으로 돌아가 청소기를 구매했다. 왜였을까? 두 번째 매장 직원은 판매하고자 하는 열의는 강했지만 가장 중요한 것을 놓쳤다. 고객의 이야기를 들어보는 것, 바로 '경청'의 자세였다. 만약 내가 청소기를 판매하는 판매 사원이었다면 다른 말하기로 고객을 응대했을 것이다.

나: 어서 오세요, 찾으시는 제품 있으세요?

고객: 청소기 좀 보려구요.

여기까지는 모든 것이 동일하다. 하지만 진짜는 이다음부터다.

나: 혹시 아파트나 주택을 청소하는 용도세요? 아니면 원룸처럼 작은 공간에서 사용할 용도세요?

고객: 아파트인데 저희 집 청소기가 고장 나서 한번 보려구요.

나: 아, 그러시구나. 사용한 지 오래되셨어요?

고객: 엄청 오래됐죠. 그래서 이번에도 괜찮은 거 사서 오래 쓸 만한 걸로 사볼까 해요.

나: 오래되셨으면 사실 소음도 꽤 컸을 텐데요.

고객: 맞아요, 돌릴 때마다 소리가 커서 대충하고 끄고 그랬어요.

나: 주로 이쪽에 있는 제품들이 성능이나 디자인 면에서도 만족도가 좋은 제품들인데요. 왼쪽에 있는 제품이 프리미엄 라인으로 나와서 다른 제품들에 비해 가격이 높긴 합니다. 그런데 고객님 같은 경우는 한번 구매하시면 오래 쓰시니까 이 제품도 나쁘지 않으실 거 같아요~

앞에 이야기한 사례와 다른 점은 고객의 이야기를 듣고, 고객이 하는 이야기를 토대로 질문을 던졌다는 것 하나이다. 하지만 우리는 이 짧은 대화만으로도 해당 고객에 대한 몇 가지 사항을 파악할 수 있다.

1. 사용 용도 : 주거 공간(아파트) 청소용

처음부터 어떤 공간에 사용할지 물어본 이유는 그에 따라 추천 상품과 안내가 완전히 달라지기 때문이다. 기본적으로 '집을 청소하는데 쓰겠지.'라고 생각하는 것은 오산이다. 독립한 친구나 자녀에게 선물하기 위해 청소기를 보러 오는 고객도 많다. 원룸처럼 작은 공간에서 사용할 용도라면 굳이 비싸고 큰 청소기를 보여주지 않고 소형 청소기 라인으로 안내를 할 수 있다. 만약 친구의 독립을 축하하고자 선물하는 고객이 있다면 가성비 좋은 상품을 안내하면서 이 같은 멘트를 덧붙이면 좋다 "이 제품은 실용적으로 나온 제품이라 선물하는 사람은 부담이 적고 받는 사람은 또 브랜드가 괜찮아서 만족도가 높아요~"

2. 현재 사용 중인 제품에서 느꼈던 문제점: 소음

추천할 때 가장 먼저 고려해야 하는 부분은 고객이 현재 느끼고 있는 불편함이다. 해당 고객은 청소기 소음 때문에 불편한 경험이 있었기에 제품 추천 시 소음을 가장 우선적으로 고려해야 한다. 고객이 관심을 보이는 청소기는 직접 틀어 소음을 확인시켜 준다면 더 베스트이다!

3. 오래 사용할 제품 선호

작은 사무실이나 원룸에서 사용할 청소기를 산다고 가정했을 때, 주로 오랜 시간 사용할 거라는 생각보다는 '지낼 때까지 쓸 만한 저렴한 걸로 사야지.'라는 생각을 한다. 그런데 해당 고객은 집에서 오래 쓸 제품을 찾고 있고, 현재 사용 중인 제품도 꽤 오랜 기간 사용해온 경험이 있다. 그렇다면 고객의 성향에 맞춰 고장 없이 오래 사용할 수 있는 제품이나 고장이 나더라도 수리를 빠르게 받을 수 있도록 A/S 센터가 많이 있는 브랜드, 가격이 있지만 시간이 지나도 성능 면에서 뒤처지지 않을만한 제품을 추천해야 한다. 여기에 한발 더 나아간다면 오래 사용해도 질리지 않도록 디자인까지도 고려해볼 수 있다.

첫 질문을 던지고 고객의 이야기를 들었을 뿐인데 짧은 시간 내 우리는 고객에 대해 많은 것을 파악할 수 있었다. 이처럼 고객이 원하는 것을 캐치해 그것을 판매나 수주라는 좋은 결과로 가져가고 싶다면 우리는 기억해야 한다. 대화는 입과 입으로 이루어지는 것이 아닌 입과 귀로 이루어지는 상호 작용임을.

"경청은 당신의 두 귀로 사람을 설득시키는 방법이다."

-미 국무장관 딘 러스크

Chapter 3
내일도 무대에 서서

> ## 프레젠터를 꿈꾸는 이들에게 건네는 이야기
>
> 마지막 장에서는 프레젠터의 고용 체계에서부터
> 프레젠터로 일하며 느꼈던 고충 등
> 프레젠터로 새로운 무대에 서고 싶은 이들에게
> 전하는 이야기를 담았다.

정규직과 프리랜서 사이

잘하고 좋아하는 방송 일을 접어두고 프레젠터라는 직업에 도전했던 가장 큰 이유는 '안정성' 때문이었다. 나이가 들수록 그에 맞춰서 해야 할 일을 책임감 있게 해내고 싶었지만 불안정한 고용 환경에 놓여있는 방송을 하면서는 그것들을 해낼 수 없었다. 그래서 프레젠터에 도전하게 되었는데, 사실 내가 지원할 당시에는 이 일이 크게 알려진 직업이 아니라 관련 정보를 얻기가 쉽지 않았다. 그래서 이번 챕터에서는 프레젠터에 관한 기본적인 정보를 작성해보고자 한다.

 우선 고용 형태는 다른 업과 비슷하게 정규직과 계약직, 프리랜서로 나뉜다. 곳에 따라 PT 제안 요청서에 재직 6개월 이상 근무자 or PM(프로젝트 매니저)이 발표해야 한다고 기재해놓기도 해서 회사 내 인력 중 프레젠터를 키우는 경우도 많다. 또한 최근에는 정규직보다 계약직이나 알음알음 프리랜서 형태로 프레젠터를 채용하는 경우가 늘고 있는데, 계약직으로 채용하는 경우는 해당 사업과 제안에 대한 이해도가 높아질 시점에 계약 만료가 되는 경우가 많아 개인적으로 아쉽게 생각하는 고용 체계이다. 프리랜서로 일하게 될 경우 수입 체계는 일반적으로 건당 페이와 수주 시 인센티브가 지급되는데 회사별로 페이와 인센티브는 다르다. 주로 B2B 형태로 영업하고 입찰에 참여하는 회사라면 프레젠터는 꼭 필요한 직무인 만큼 실력을 잘 쌓아 놓는다면 다양한 형태로 일할 수 있는 직업이라고 생각한다.

 그리고 프레젠터가 되려면 어떤 것들을 준비해야 하냐는 질문을 자주 받는데 아무래도 제 3자에게 내용을 정확하고 집중력 있게 전달해야 하는 직업이다 보니 방송이나 강의처럼 말과 관련된 경력이 있는 사람을 선호하는 편이다. 이런 점 때문에 실제로 아나운서 아카데미나 스피치 학원 등을 통해 채용 의뢰가 들어오는 경우도 많다.

프레젠터의 숙명

모든 일이 그렇듯 겉으로는 쉬워 보여도 막상 내가 하면 쉽지 않은 일임을 깨닫는 순간이 많다. 프레젠터 일도 그랬다. 그저 내용을 잘 전달해주면 되는 것 아닌가 하는 생각을 했었는데 이 생각이 완전히 잘못되었음을 직접 PT를 하면서 깨달았다. 그래서 앞으로 프레젠터 일을 하게 될 누군가에게 도움이 되도록 프레젠터라는 직업은 구체적으로 어떤 점이 어렵고 힘든지에 대한 이야기를 해보려 한다.

Case 1. 최종 자료는 최종이 아니다

내가 프레젠터로 일하면서 초반에 가장 힘들었던 부분은 자료가 시시때때로 수정되는 것, 그리고 최종 자료가 늦게 나올 때였다. 보통 2~3일 전에는 자료를 받아 연습하고 리허설도 하는 등 여유롭게 준비할 수 있을 거라고 생각했었는데 그건 나의 착각이었다. 오해될 수 있는 부분인데 자료가 늦게 나오는 건 담당 영업 사원의 능력이 부족해서가 절대 아니다. 여유를 두고 최종본을 보냈다 하더라도 자료라는 것이 볼 때마다 부족한 게 보이기 때문에 수정 작업은 PT가 끝날 때까지 이뤄지고, 그로 인해 최종 자료가 늦어지는 것이다. 최고의 결과를 만들기 위한 어쩔 수 없는 과정인 것이다. 고객사에 자료를 미리 보낸 경우를 제외하고는 PT가 시작되기 몇 시간 전까지도 자료 수정이 이뤄진다. 프레젠터는 수정된 자료 내용을 바로 숙지해서 PT를 해야하는 사람임을 미리 인지하는 것이 좋다.

Case 2. 대기실에서도 수정은 이어진다

"이 부분에서 이 멘트 하나만 꼭 해줘, 미건 씨." 대기실에서 종종 듣게 되는 말이다. 앞서 말했듯이 우리의 목표는 수주이기 때문에 대기실에서도 더 보충해야 할 부분은 없는지, 빼먹은 부분은 없는지 확인하며 끝까지 긴장을 놓지 않는다. 심지어 PT가 시작되고 인사를 하기 위해 심사위원 앞에 서 있는 순간 추가 멘트를 해달라는 얘기를 들은 적도 있다. 그래서 진짜 PT가 시작되기 전까지는 촉각을 곤두세우고 모든 자료에 대한 내용 숙지와 꼭 해달라고 했던 요청 사항들을 정리해 기억하면서 PT를 진행해야 한다.

Case 3. 비슷한 자료는 단 하나도 없다

같은 회사에 참여하는 입찰이라면 비슷한 자료로 할 거라고 생각했었다. 이 또한 큰 착각이었다. 물론 회사 소개 같은 기본 정보는 동일하나 이 내용들도 자료가 어디에 배치되어 있는지에 따라 PT 준비를 할 때는 달라진다. PT는 흐름이 가장 중요하기 때문에 자료 하나라도 배치가 달라지면 흐름을 다시 잡아 준비해야 한다. 매 순간 PT가 같을 수 없고, 100번의 PT를 한다면 100가지 다른 PT가 되어야 진정한 프레젠터라고 할 수 있다.

Case 4. 쉽게 생각하는 사람들에 대한 태도

가끔 일을 하다 보면, 바로 해결되는 자판기처럼 얘기하는 사람들을 만날 수 있다. "이 정도는 금방 하시죠?", "10분밖에 안 되는데 어려운 일 아니시죠?" 등등 우리가 하는 일에 대해 쉽게 생각하는 사람들을 만나면 화도 나면서 힘이 쭉 빠질 때가 많다. 물론 업이기 때문에 남들보다는 빠르게 해결할 수 있겠지만 분명한 건 쉽게 나오는 것은 단 하나도 없다는 것이다. PT가 15분으로 정해져 있다고 해서 딱 15분만 할애하는 일이 아님을 알아야 한다. 최고의 15분을 만들기 위해 몇 날 며칠을 준비하는 직업임을 알리고 싶다. 그래서 나는 프레젠터 일을 한 뒤부터 직접 해보지 않은 일에 대해서는 말을 아끼고 모든 직업을 쉽게 얘기하지 않게 됐다. 직접 해봐야 알 수 있고 경험해야 보이는 것들이 있는 만큼, 각자 직업에 대한 고충을 이해하고 전문성을 존중해주었으면 좋겠다.

Case5. 공사장이 무대라 할지라도

프레젠터로 입사하기 전, 나는 멋있는 곳에서 예쁜 옷을 입고 PT하는 모습을 상상했었다. 하지만 예상외로 흙먼지가 날리는 곳, 사람들 목소리보다 드릴 소리가 더 크게 들리는 공사 현장에서 PT를 한 적이 많았다. 리모델링 공사로 인해 회사 컨디션이 안 좋아 오히려 고객사에서 미안해하며 PT진행을 요청한 적도 있었고, 철거되는 건물에서 테이블만 놓고 PT를 했던 적도 있었다.

그중에서도 실제 건축 공사가 진행되는 곳 바로 옆에서 PT를 한 적이 있었는데 그날은 우연히 발견한 신축 공사 현장을 같은 팀 대리님과 함께 방문한 날이었다. 미팅을 하다 보니 너무 괜찮은 곳이라 그냥 지나칠 수가 없었다. 그래서 짧게 PT라도 하게 해달라고 제안했고, 입찰 담당자는 사무실인 이곳도 공사 중이라 PT를 할 환경이 안 되니 공사가 마무리될 쯤 다시 일정과 장소를 맞춰보겠다고 답했다. 하지만 이대로 물러설 수 없었다. 경쟁사보다 먼저 우위를 선점하는 것이 중요했기 때문에 어떻게든 PT를 해야 했다. 공사 현장에서도 충분히 PT를 할 수 있다고 끊임없이 어필했고, 결국 어렵게 PT 기회를 얻을 수 있었다. 우리 회사만 참석하는 PT라 대충 할 수도 있었지만, 오히려 쐐기를 박을 수 있는 시간이 될 수 있기 때문에 만반의 준비를 한 뒤 현장을 다시 찾았다. 그런데 해당 장소는 여전히 공사 중인 상황이라 전에 방문했을 때보다 사무실 환경이 더욱 열악한 상태였고, 마음을 먹고 준비한 나 역시 당황했던 기억이 아직도 생생하다. 그렇게 나는 난생처음 정장 원피스에 안전모와 형광 조끼를 입고 모래 먼지에 둘러싸여 PT를 했다. 공사 소음보다 더 크게 목소리를 내느라 거의 악을 지르다시피 했던 PT를 끝낸 뒤, 후련함과 동시에 프레젠터 직업에 대한 현실을 깨달았다.

 예쁜 옷을 입고 멋있게 PT하는 모습만을 상상했는데, 예쁘기보다 무대포 정신으로 어디서든 해내는 강단을 가져야 하는 직업이었던 것이다. 그래서 프레젠터를 꿈꾸는 사람들에게 나는 멋있고 예쁜 일상을 기대하면 안 된다는 이야기를 꼭 해준다. 우리가 쏟은 정성만큼 좋은 결과를 기대할 수 있다면 형광 조끼가 아니라 형광 옷을 입고서라도 PT할 수 있다는 무대포 정신이 꼭 필요하다. 어떤 상황이 주어지더라도 경쟁의 순간을 즐길 준비가 되어 있다면 누구든지 멋진 프레젠터가 될 수 있다.

지금까지 프레젠터를 꿈꾸거나 궁금해하는 분들에게 조금이나마 도움이 됐으면 하는 바람으로 프레젠터가 마주하는 어려움에 대해 이야기했다. 이 밖에도 이겨내야 하는 많은 상황이 있지만 프레젠터라면 꼭 기억해야 한다. 어떤 상황에서든 이겨내며 최선을 다하는 자세가 있어야 최고의 순간을 만들어 낼 수 있다는 것을.

프레젠터여서 다행이다

프레젠터란 직업이 일반적으로 알려진 직업이 아니다 보니 새로운 사람을 만날 때면 늘 받는 질문이 있다.

"어떤 점이 좋아요? 직업에 만족하세요?"

그 질문에 나는 매번 "네."라고 대답했고 주위 지인들에게도 프레젠터라는 직업을 많이 추천했다. 7년이라는 시간 동안 다양한 업계에서 프레젠터로 일하며 경험을 쌓을 수 있었던 이유, 프레젠터라는 직업이 가지고 있는 매력은 무엇일까?

<u>트렌디한 감각을 유지할 수 있다</u>

프레젠터는 PT 때마다 타겟으로 삼는 고객사가 다르기 때문에 끊임없이 공부하고 배워야 한다. 그렇다 보니 나 자신을 꾸준히 성장시킬 수 있다. 특히 전시/문화 쪽은 컨셉부터 제안하고자 하는 내용이 전문적인 경우가 많아 하나하나 찾아보고 공부하는 과정이 꼭 필요한데, 이런 과정 없이 PT를 한다면 PT자체를 끝낸 것이지 듣는 사람을 이해시켰다고 말할 수 없다. 나조차 이해하지 못한 부분을 누군가에게 100% 이해시키고 설득시키는 일은 거의 불가능에 가깝기 때문이다. 그래서 촉각을 곤두세우며 매 순간 듣고 배우는 자세로 일해야 한다. 꾸준히 발전해야 한다는 점에서 쉽지 않다고 생각할 수 있지만 반대로 그러므로 오히려 더 오래 할 수 있고 나만의 전문성을 찾을 수 있는 업이라고 생각한다. PT를 준비하며 익힌 지식들은 온전히 내 것이 되기 때문이다. 이처럼 모든 것이 빠르게 변화하는 사회 속에서 도태되지 않고 성장하는 사람으로 발전할 수 있다는 것은 프레젠터 직무가 가지고 있는 큰 장점이다.

무대 위의 짜릿함과 성취감은 느껴본 사람만이 안다

 살다 보면 누구나 지루하고 의욕이 떨어지는 순간을 경험하게 되는데 그 시간을 이겨내기 위해서는 작더라도 해냈다는 성취감을 느껴야 한다. 내가 수년간 프레젠터로 무대에 설 수 있었던 이유도 지금까지 크고 작은 성취감을 수없이 경험했기 때문이다. PT가 끝난 후 참여한 모든 업체가 있는 상황에서 수주 결과를 들었을 때, 실시간 개표를 통해 우리가 이겼음을 확인한 날은 오랜 시간이 지난 지금도 생생하다. 고생하는 동료들과 함께 느꼈던 성취감이 여전히 기억난다는 것만으로도 프레젠터가 얼마나 매력적인 직업인지 알 수 있을 것이다.

같이의 가치를 느낄 수 있는 일

 좋은 성과를 얻기 위해서는 나 혼자 잘하는 것이 아니라 사람들과 함께여야 한다는 걸 프레젠터를 하며 크게 깨달았다. 입찰 PT에서는 영업 첫 단계부터 끝까지 최선을 다하는 영업 사원들의 노력과 좋은 자료가 나올 수 있도록 도와주는 지원 인력들의 정성이 없다면, 내가 아무리 PT를 잘한다고 해도 좋은 결과를 예상할 수 없다. 매 순간 각자의 위치에서 주어진 역할과 의무를 다해주는 사람들이 있기에 최선의 결과를 만들어 낼 수 있음을 알아야 한다. 무대에 서는 사람이라면, 내가 빛날 수 있는 것은 빛을 낼 수 있게 도와주는 사람들의 노력이 있기 때문에 가능한 것임을 꼭 기억해야 한다.

내가 하고 싶은 일인 것만으로도 충분하다

 주로 '말'을 업으로 삼는 사람들은 누군가에 의해서가 아니라 본인이 원해서 일을 시작하는 경우가 많다. 내가 좋아하는 일을 하면 행복하다는 이야기가 상투적으로 들릴 수 있지만 나는 이 말에 적극적으로 동의한다. 지금까지 좋아하는 일을 하면서 지치고 힘든 시간보다 즐거웠던 순간이 더 많았으니까. 프레젠터도 그런 이유로 하는 동안 만족했고 이 직업을 가질 수 있어 다행이라고 생각했다. 그저 내가 하고 싶은 일인 것만으로도 충분하다.

 이 책을 통해 프레젠터라는 직업에 대해 관심이 가거나 도전해보고 싶은 마음이 생겼다면, 주저앉고 도전해보기를 바란다. 어디서도 느낄 수 없는 성취감과 다양한 견문을 쌓았던 경험이 시간이 지날수록 나를 더 빛나게 해줄 테니까.

"삶은 풀어야 하는 문제가 아니라, 경험해봐야 하는 여행이다."

-영화 '곰돌이 푸' 중에서

좋은 프레젠터가 되기 위한 5가지 조언

그렇다면, 인정받는 프레젠터가 되기 위해 필요한 부분이 있다면 어떤 것이 있을까? 나는 크게 다섯 가지로 얘기를 하고 싶다.

<u>첫 번째는 체력을 쌓는 것</u>이다.

어떤 일을 하든 가장 중요한 건 체력이다. 프레젠터도 별반 다르지 않다. 전국 어디든 입찰이 뜨는 곳이라면 찾아가서 PT를 해야 하는 업이기 때문이다. 특히 나는 전국은 물론 해외에 있는 지사에도 PT지원을 나갔기 때문에 그 어떤 것보다 체력이 가장 중요한 부분임을 몸소 느끼며 일해왔다. 내가 속한 업계는 연말에 입찰이 쏟아져 일주일에 보통 3~4건의 PT를 진행하는데, 내가 체력에 대한 중요성을 더 절실히 느꼈던 건 하루에 2건의 PT를 진행하면서였다. 보통 같은 날 PT가 겹치면 중요도를 따져 일을 분배하지만 그날은 PT 2개 모두 중요한 입찰이었기 때문에 다른 방도가 없었다. 게다가 같은 지역이 아니라 충청도와 경기도에 각각 PT가 잡혀 있어 장거리 이동까지 해야 하는 상황에 적잖이 당황했던 기억이 난다.

2건의 PT를 진행하던 날, 충청도에서 첫 PT를 끝내고 경기도까지 이동해 2번째 PT를 진행하면서 처음으로 힘들다고 생각했고, 실력이 있어도 체력이 안 되면 어떤 것도 할 수 없다는 것을 느꼈다. 어느 직업이든 기본은 체력이겠지만 특히 프레젠터는 앞에 서서 주어진 시간 동안 온 에너지를 집중해 준비한 것을 보여줘야 하는 업이기 때문에 체력 관리가 더 중요하다. 아무리 스스로 뛰어난 능력을 갖추고 있다고 한들, 받쳐주는 체력이 없다면 역량을 발휘할 수 없다는 사실을 기억하고 기본을 챙겨야 한다.

<u>두 번째는 기록하는 것</u>이다.

PT를 한 것에 그치지 않고 어떤 이슈들이 있었고 그에 대한 대처는 어떻게 했는지, 그리고 심사위원들의 공감을 얻은 이야기는 어떤 것들이 있었는지 등 그날 진행한 PT에 대한 피드백을 남겨야 한다. 또한 부족한 점이 있었고 제대로 대처하지 못한 부분이 있었다면 꼭 개선점을 생각해 두 번 실수하는 일이 없도록 만들어야 한다. 이는 프레젠터로서 역량을 키우는 데 큰 도움이 될 뿐더러 자신이 한 일을 생생하게 남기게 되므로 추후 커리어를 정리 하는 데에도 도움이 된다. 기록이 가져다주는 힘은 우리가 생각하는 것보다 크다는 것을 잊지 말자.

<u>세 번째는 좋은 문장을 수집하는 것</u>이다.

과거 쇼호스트 학원에 다닐 때부터 남들과는 색다른 PT를 위해 좋은 문장이나 눈에 들어오는 카피들을 메모해 PT에 활용했었다. 이는 PT를 준비하면서 쓸 수 있는 멘트를 구성하고 제안서 문구를 작성하는 데 큰 도움이 된다. 신문, 광고 등을 보면서 내 마음을 움직인 문장이 있다면 꼭 수집해서 활용해보자. 내 마음을 움직였다는 것은 다른 이들의 마음 또한 움직일 수 있다는 방증이니까. 수집하는 작은 습관이 남들과는 다른 이야기를 만들어내는 프레젠터로 만들어 준다는 것을 명심할 것.

<u>네 번째, 능동적인 태도</u>를 갖춰야 한다.

프레젠터가 수동적인 자세로 일하면 아무 고민 없이 끝내기에 급급한 PT를 하게 된다. 어차피 해야 할 PT라면 '그래, 이번에도 해내보자.' 하는 마인드로 임해야 한다. 무슨 일이든 수동적인 태도보다 능동적인 태도가 나를 대체 불가한 인재로 성장시킨다는 것을 기억하자.

다섯 번째, 모든 평가에 익숙해져야 한다.

프레젠터는 매 순간 PT로 평가받는 직업이다. 오랜 시간 일을 해오면서 인정받고 실력을 쌓았다 할지라도 사람들은 새로 하게 되는 PT를 보고 평가를 한다. 그래서 나는 이 직업을 매 순간 해내야 하는 직업이라 표현한다. 어떻게 매번 잘할 수 있냐고 생각하겠지만 어쩔 수 없다. 프레젠터는 매번 잘해야 한다. 프레젠터로서 서는 현장은 모두가 승리하길 바라는 간절한 무대이니까. 그러므로 평가받는 것이 당연한 직무임을 인지하고 동료들이 해주는 피드백을 겸허히 받아들일 줄 알아야 한다. 그래야 이 일을 스트레스 받지 않고 오래도록 즐기며 할 수 있다.

───── useful tip 1 ─────

좋은 카피를 위해
내가 자주 참고하는 사이트 하나를 소개한다.

TVCF (www.tvcf.co.kr)
: 다양한 분야의 각종 광고 영상을 확인할 수 있는 사이트이다. 창의적인 일을 하는 사람이라면 항상 잘된 것들을 자주 보면서 생각의 끈을 놓지 않기 위해 노력해야 한다. 단, 모든 레퍼런스는 카피하지 않고 참고만 할 수 있도록 주의해야 한다.

프레젠터의 또 다른 이름

무라카미 하루키 작가의 〈직업으로서의 소설가〉는 내가 하는 일과 직업에 대해 많은 생각을 하게 해준 책이다. 이 책을 읽고 난 후 '프레젠터를 한 문장으로 표현한다면 어떻게 정의할 수 있을까.' 고민했고 스스로 답을 찾을 수 있었다. 타인이 내려주는 정의가 아닌 스스로 나의 일에 대한 답을 내린 것이다.

내 나름의 문장으로 프레젠터를 정의한다면, 프레젠터를 '플레이팅 하는 사람'이라 표현하고 싶다. 음식이 더 맛있게 보일 수 있도록 만드는 플레이팅이 요리의 화룡점정인 것처럼, PT도 마찬가지이다. PT자료가 더 멋있게 표현될 수 있도록 예쁜 그릇에 담아 나의 언어로 고객사에 전달하는 것, 이것이 프레젠터가 해내야 할 중요한 역할이다. 그래야 그간 동료들이 힘들게 준비한 모든 것이 빛을 발휘할 수 있기 때문이다. 내가 PT를 '플레이팅'이라 표현하는 또 다른 이유가 있다. 식당의 분위기와 메뉴 등에 따라 플레이팅이 달라지는 것처럼 PT도 상황에 따라 플레이팅이 달라야 하기 때문이다. 심지어 같은 자료로 2번의 PT를 한다고 할지라도 말이다.

실제로 한 고객사에서 지역별로 두 번의 PT를 해달라는 요청을 받아 이례적이지만 같은 자료로 PT를 한 번 더 한 적이 있었다. 같은 자료에 같은 고객사였기 때문에 두 번 모두 똑같이 할 수도 있었지만, 나는 멘트부터 자료 배치까지 새롭게 PT를 구성했다. 참석하는 심사위원이 달랐을뿐더러 오랜 시간 공들여 만든 동료의 결과물이 경쟁사보다 돋보이기를 바라는 마음에서였다. 그 결과, 당시 두 번의 PT를 다 들었던 심사위원에게 "지난번이랑 같을 줄 알았는데 다르네요, 고민 많이 하셨겠어요."라는 말을 들을 수 있었다.

이렇듯 프레젠터는 동료들의 수고로움이 헛되지 않도록, 우리 회사가 가진 이야기가 잘 전달될 수 있도록 좋은 그릇에 담아 전달하는 플레이팅과 같은 역할을 하는 사람이다.

PT는 계속 되어야한다

한계에 부딪히는 순간에도 다시 일어서 무대에 설 수 있는 이유가 있다. 바로 동료들의 믿음 덕분이었다. "제가 잘할 수 있을까요?"라며 스스로를 믿지 못할 때 "미건이 너만큼 할 수 있는 사람은 없어.", "너 아니면 못 해."라고 믿어주는 동료들이 있었기에 오랜 시간 이 일을 할 수 있었다.

특히 한 주에 4개의 PT를 진행하던 시기에 그 믿음은 내게 큰 원동력으로 다가왔었다. 연달아 이어지던 3번의 PT를 끝내고 마지막 4번째 PT를 준비할 때의 일이다. 3번째 PT가 끝나면 쉴 수 있을 거라는 생각으로 버티고 있던 와중에 4번째 PT일정이 3번째 PT 바로 다음 날로 변경됐고, 쉴 틈 없이 PT가 진행되는 지역으로 이동했다. 40억이 걸린 중요한 PT였기 때문에 오랜 시간 회의가 이어졌고, 결국 나는 PT시작 8시간을 남기고서야 자료를 받아볼 수 있었다. 그마저도 최종 수정된 자료가 아니었고, 여기는 어떤 내용이 들어갈 거라는 큰 키워드가 담긴 출력물이었다. PT때마다 급하게 자료가 바뀌고 최종본을 늦게 받는 일이 많아 적응될 법도 한데, 감정적으로 느껴지는 압박감은 오랜 시간을 해와도 쉽지 않다. 숙소에 들어가 한숨도 자지 않고 PT를 준비했고, 오전 7시 리허설을 하면서 최종 자료를 눈으로 확인할 수 있었다.

자료를 확인하자 막막함이 몰려왔다. 체력과 멘탈 모두 온전치 않은 상황이라 내 역량을 100% 발휘할 수 없을 거 같은 마음 때문이었다. 막막하고 부담스러운 마음이 전달이라도 된 건지 함께 갔던 대표님과 동료들이 해준 말이 난 아직도 기억난다. 바로, "미건이 만큼 해낼 사람은 없다."라는 말이었다. 너무 지쳐있는 상황에, 나 스스로를 믿지 못할 때 그 자리에 있는 모두가 나를 믿어주고 있었던 것이었다. 용기를 주는 한 마디에 기운을 차려 다시 애니메이션에서부터 텍스트, 제안 문구 등 자료를 숙지하며 PT현장으로 이동했다. 잠을 못 잔 상태라 최악의 컨디션으로 단상 앞에 서서 인사를 한 뒤 '여기선 이 애니메이션, 다음 자료는 이 내용, 그리고 시간은 10분이다.'를 되새기며 PT를 이어갔고, 마지막 인사를 끝으로 PT를 마무리했다.

지쳐있던 순간 나를 믿어주는 사람이 없었다면 이날의 PT도, 수년간 했던 많은 PT도 해낼 수 없었을 것이다. 그래서 앞으로도 나는 '믿음'이라는 키워드로 설명할 수 있는 프레젠터가 되고 싶다. 어떤 상황에서도 그 사람이라면 해낼 수 있을 거라는 믿음을 주는 사람. 내가 동료들의 믿음으로 오랜 시간 버텨올 수 있었듯이 나도 누군가에게 믿음을 주는 따뜻한 프레젠터로 오래 무대에 서고 싶다.

"자신을 믿어라. 자신의 능력을 신뢰하라.
겸손하지만 합리적인 자신감 없이는
성공할 수도 행복할 수도 없다."

-노먼 빈센트 필

에필로그

PT에서 가장 중요한 부분이자 PT의 꽃이라고 부르는 시간이 있다. 바로 질의응답 시간이다. 그래서 에필로그도 PT와 관련해 독자들이 궁금해할 부분을 뽑아 출판사 편집자와 함께 인터뷰 형식으로 담아 보았다.

편집자:
드디어 책이 마무리되었네요. 바쁘신 와중에도 원고 집필에 힘써주셔서 감사합니다. 책 안에 다양한 경험과 노하우에 대한 이야기가 있지만 PT는 실전이잖아요? 책 속 내용 외에 실전 노하우에 대한 이야기가 더 필요할 것 같아 인터뷰 요청을 드려봅니

다.

그럼, 독자들이 궁금해할 만한 부분을 정리해서 짧은 문답 형식으로 진행해보도록 하겠습니다.

작가님께서는 PT를 전문적으로 하는 분이시지만, 그렇지 않은 분들이더라도 무대 위에 서야 하는 경우가 종종 있잖아요. 그런데 보통 '발표, PT'라는 단어만 들어도 떨리고 긴장되거든요. 전문 프레젠터로서 조언해 주신다면 어떤 이야기를 들려주시고 싶으신가요?

박미건:
앞에서도 말했지만, 잘해야겠다는 마음을 버려야 해요.

편집자:
잘해야 하는 순간인데 그 마음을 버리라는 말씀인가요?

박미건:
네, 잘해야겠다는 생각이 오히려 압박감으로 와닿아서 제 실력을 못 보여줄 수 있어요. 잘해야지 마음을 먹었다고 해서 결과가

100% 좋은 것도 아니고요. 그 순간 잘하는 결과를 보여주려면 사실 제일 중요한 건, 나 자신을 편안하게 만드는 거예요.

면접을 예를 들어보면, 혼자 연습하거나 친구들이랑 할 때는 잘했는데 막상 면접 장소에 가면 너무 떨려서 말도 못 하고 버벅대는 경우가 많잖아요. 편집장님도 면접 보는 순간을 떠올려 보시면 어느 정도 공감이 가실 거 같은데요. '실수하지 말아야지, 잘해야지.' 하는 생각이 오히려 독이 되는 거라고 생각해요. 내 앞에 앉아 있는 분들을 우리 부모님 혹은, 친구들이다~ 생각하면서 내 마음을 편하게 해줘야 해요.

편집자:
공감합니다. 보통 잘 해내야 한다는 부담감이 클수록 긴장이 많이 되더라고요. PT나 발표도 그와 같은 맥락이라는 거죠?

박미건:
그렇죠. 앉아있는 사람들은 귀신같이 알거든요. '저 사람이 지금 떠는구나, 긴장했구나.' 그러면 듣는 사람들도 긴장해서 보게 돼요. 내가 편해야 듣는 사람도 편해져요. 그래서 잘해야지 하는 마음보다는 '아 몰라! 내가 짱이야, 내가 최고야!'와 같은 마인드

가 오히려 도움 되는 거죠.

그리고 준비하면서 연습을 많이 했다면 몸이 기억합니다. 그래서 준비한 만큼 보여주게 되어있어요. 근데 잘해야지, 하는 압박과 긴장감을 가지면 첫 문장부터 첫 입이 안 떨어져서 힘들어지는 거죠.

사실 PT할 자료에 대해서 제일 잘 아는 사람도 나고 잘 얘기할 사람도 나예요. 앉아있는 사람 중에 본인보다 잘할 사람은 없다는 생각으로 '이제는 몰라! 내가 최고야!' 하는 생각으로 부딪혀야 해요.

편집자:
준비하는 동안 충분히 연습하고 발표 당일엔 '내가 최고'라는 마인드를 가져라! 참 좋은 조언이네요. 그런데 입찰 PT는 일반 PT와는 성격이 다르잖아요. 굉장히 큰 금액이 오가는 자리인데다 내가 하는 PT에 따라 결과가 달라질 수 있는 거잖아요? 생각만으로도 부담감이 엄청날 것 같은데, 어떤가요?

박미건:
이건 제가 좀 설명해 드리고 싶어요. 사실 입찰의 성패가 PT만

잘했다고 결정이 나는 것이 아니라 그 외 많은 변수가 존재하거든요. 그래서 개인적으로 "PT를 잘해서 수주했다!"라고 말하는 건 조금 조심스러운 일이라고 생각해요. 그런데 정말 PT가 중요하고 PT로 결정되는 순간이 있어요. PT를 하고 난 즉시 바로 결과가 나올 때예요. 7년 간 그런 PT를 총 4번 했고 3번을 이겼어요.

그 중 하나는 대통령 선거처럼 실시간 개표를 하던 날이었는데 PT가 끝나고 100명 가까운 심사위원들이 바로 투표했고 참여한 업체를 모두 보는 앞에서 투표함을 열었어요. 제가 정치는 안 해봤지만, 정치인들의 마음을 알겠더라니까요. 진짜 여러분의 한 표는 소중하다며 운동이라도 하고 싶었어요.(웃음) 투표함이 열리고 42% 득표율로 저희가 선정됐는데 너무 좋았지만 그 자리에서는 좋은 티를 안 내고 참았어요. 왜냐하면 승리가 있으면 당연히 패배도 있기 때문이에요. 다른 사람을 위한 배려가 필요한 거죠. 우리도 언젠간 패배할 수 있으니까요.

정리하자면 PT만 잘한다고 해서 좋은 결과를 얻는 건 아니지만 PT평가 때 경쟁사에 지지 않겠다는 마음으로 임해야 해요. 평가 전형마다 0.1점이라도 앞서야 '수주'라는 결과를 얻을 수 있으니까요. PT가 중요한 순간에는 더 치열하게, 그렇지 않은 순간에도 무조건 이긴다는 마음으로!

편집자:
'이긴다는 마음으로 무장한다.'라…. 아무리 생각해도 입찰 PT는 쉽지 않은 것 같습니다.(웃음) 그런데 앞에 나온 에피소드를 보면 작가님께서도 긴장해서 몸이 떨렸던 적이 있었다고 했잖아요? PT를 그렇게 많이 하는데도 떨리세요?

박미건:
(웃음) 저도 떨어요. 떨리는 걸 어떡해요. 그런데 그걸 아무도 모르게 해야죠. 오른손이 하는 일을 왼손이 몰라야 하는 것처럼 내가 떠는 건 내 몸만 알아야 해요.

편집자:
긴장해서 몸이 떨릴 때 사람들에게 안 보이도록 하는 방법이 있을까요? 몸이 떨리는 건 눈에 보이는 거라 그걸 통제하기 쉽지 않을 거 같거든요.

박미건:
그럴 때는 앞뒤로 몸을 조금씩 움직여 주는 것도 방법이에요. 보폭을 크게 해서 큰 동선으로 움직이면 산만해지니까 살짝만 앞뒤로 움직이는 거죠. 조금씩 움직이다 보면 긴장이 풀리고 PT가 진행되는 장소와 분위기에 적응하게 돼요. 그리고 제가 하는 또 다른 좋은 방법 중 하나는 미리 서 있는 거예요.

편집자:
PT 시작하기 전에 계속 서있는다는 말씀이신가요?

박미건:
네, PT를 하러 가면 사람들이 제가 계속 서 있으니까 "미건씨 여기 앉아요~"라고 자주 말씀하시는데요. 사실 저는 일부러 서 있는 거예요. PT할 때 서서 하니까 그 기분을 미리 느끼는 거죠. 앞에서 몸이 기억한다고 말씀드렸잖아요. 몸이 적응하게끔 미리 만들어 주는 거예요. 그게 달라요, 마치 입은 옷에 따라 자세와 마음가짐이 달라지는 것처럼 몸의 태도에 따라서도 많은 것이 바뀌거든요.

이제는 서 있는 게 습관이 됐어요. 여담이지만 높은 구두 신고

PT시간 전부터 끝날 때까지 서 있으니까 진짜 길게 할 때는 2시간 가까이 계속 한자리에 서 있었던 적도 있거든요. 그런 날은 매일 서서 일하시는 분들이 생각나면서 진짜 힘드시겠다는 생각도 많이 해요. 아무튼 미리 몸이 적응할 수 있도록 만들어 주는 게 실전에서도 도움이 된다는 말씀을 드리고 싶어요

편집자:
또 한 가지, PT를 자주 하시는 분들께서 궁금해하시는 부분 중 하나가 스크립트(대본)에 관한 이야긴데요. 스크립트를 쓰는 게 좋은 걸까요? 아니면 스크립트 없이 애드리브로 멘트를 연습하는 게 좋을까요? 작가님은 보통 스크립트를 쓰는 편이신가요?

박미건:
상황에 따라 다르긴 한데요. 저는 우선 자료를 받으면 한번 전체적으로 쭉 훑어봐요. 그리고 자료마다 이런 문장을 넣으면 좋겠다 하는 부분이 있으면 해당 부분에 코멘트를 달아서 연습해요. 그러니까 평소에는 스크립트를 안 쓰고 하는 거죠. 그런데 보고용 이라던지 저와 처음 일을 해보는 분들과 협업할 때는 처음부터 끝까지 써서 보내드려요. 제가 놓치는 부분이 있을 수 있고 잘못 알고 있는 부분이 있을 수 있으므로 그럴 때는 미리 원

고를 씁니다.

편집자:
스크립트를 안 쓰고 그냥 쭉 하는 게 쉽지 않을 거 같은데 안 쓰는 이유가 따로 있으신가요?

박미건:
자연스러운 PT를 할 수 없어요. 사람이다 보니 스크립트를 쓰면 그대로 외우게 되고 외운 문장이 생각 안 날 때 분명 실수하거든요. 하나가 생각 안 나면 도미노처럼 다음 문장도 생각 안 나는 경우가 많아요. 그래서 전달해야 하는 포인트만 정확하게 숙지해서 연습해요. 가끔 회사에서 써놓은 스크립트 있으면 보내달라고 물어보시는데, 스크립트를 안 써서 못 보내드린 경우도 있어요.

편집자:
작가님은 오랫동안 말을 업으로 해왔던 사람이라 그래도 부드럽게 PT를 할 수 있을 거 같은데, 일반적으로는 이게 참 힘들거든요. 일반 직무에 계신 분들에게 이 부분에 대해 조언해주신다면요?

박미건:

자료마다 사족을 덜어내고 내용을 정리해본다는 생각으로 연습해야 하는데요. 우선 처음 시작할 때는 한번 써보세요. 자료 받고 메모장에 쭉 써보는 거예요. 그러면 '이건 너무 사족이다, 아 여기는 이 내용이 더 들어가야겠네.' 하고 틀이 잡혀요.

여기서 제일 중요한 건 스크립트대로 연습하시면 안 된다는 겁니다. 토씨 하나 틀리지 않고 그대로 연습하시면 안 돼요. 주위에 보면 어미까지도 똑같이 연습해서 하시는데 앞에서도 말씀드렸지만 그러면 분명히 실수해요. 예를 들어 스크립트를 '~습니다'로 써서 연습 때도 그렇게 했는데 '~했구요'로 PT때 말해 버리면 그때부터 멘붕 오는 거예요. 다음 부분 생각이 안 나요.

제가 그래서 스크립트대로 연습하지 말라는 말씀을 많이 드려요. 다르게 연습해서 말이 술술 나와야 진짜 PT가 되는 거고, 제대로 된 PT를 할 수 있어요. 쉬운 작업은 아닌데 일할 때나 일상생활에서 PT를 많이 해야 하는 일을 하신다면 꼭 그렇게 해보셨으면 좋겠어요.

편집자:
스크립트 없이 연습하려면, 프레젠터나 PT를 자주 하는 업에 계신 분들은 말만 잘해서 되는 게 아니라 암기력도 좋아야 하겠는데요?

박미건:
이건 여담이지만 저는 방송 때도 제 쪽에 프롬프터가 없어서 다 외워서 했어요(웃음). 그때 이미 적응이 돼서 별로 어렵지 않은 거 같기도 하고…. 아무튼 스크립트를 써서 PT하는 게 저한테는 더 어려운 일이에요.

그리고 연습하면 외우려고 하지 않아도 입에 익게 돼 있어요. 그래서 딱 보면 아는 거예요. 이 사람이 준비를 열심히 했는지 안 했는지.

편집자:
개인별 차이는 있지만 어쨌든 작가님의 경우에는 스크립트를 쓰면서 하지는 않는다, 하더라도 정리 수준에서 하는 게 좋다는 거군요. 한 가지 더 질문드려 볼게요. 혹시 PT멘트를 구상할 때 가장 신경 쓰는 부분이 있으시다면 어떤 게 있을까요?

박미건:
제가 다른 사람에게 저를 얘기할 때 '설득하는 사람'이라는 표현을 써요. PT는 정말 매 순간이 설득의 시간이니까요. 그리고 이 설득을 잘하려면 말이 살아있어야 해요. 쉽게 얘기해서 상상하게 만드는 거죠.

그래서 PT 멘트를 짤 때도 '살아있는 말'인지 고민을 많이 해요. 앉아서 듣는 사람들이 내 이야기를 머릿속에 그릴 수 있게 만들어야 해요. 한 번 예를 들어 볼까요? 만약에 친구한테 "오늘 술 한잔하자."고 할 때 어떻게 말씀하실 거예요?

편집자:
음, 글쎄요. 그냥 문장 그대로 오늘 술 한 잔 어때? 라고 하지 않을까요? 아, 너무 건조한 대답이었나요?(웃음)

박미건:
보통은 그렇죠. 그런데 이것을 살아있는 말로 표현하면 이런 거예요.
"오늘 너무 춥다, 어묵바가서 소주 한잔할까?"

그러면 그 바가 상상되니까요. 어묵 기계에서 모락모락 나오는 따뜻한 연기와 안과 밖의 온도 차이로 살짝 성에가 낀 창문 등등이요.

만약 막걸리를 마시고 싶으면 "막걸리 마실래?" 보다 "오늘 비도 오는데 김치전에 막걸리 어때?"라고 하는 거죠. 그러면 노릇노릇하게 구워진 김치전과 양은 그릇에 콸콸 담겨있는 막걸리가 그려지거든요.

그래서 살아있는 말, 생생하게 사람들이 그릴 수 있도록 하는 말로 PT를 하셨으면 좋겠어요. 그러려면 이 말은 어떻게 바꿀 수 있지? 하면서 꾸준히 고민하는 게 필요하겠죠.

편집자:
생각도 안 했는데 작가님 이야기를 들으니 갑자기 술 한잔하고 싶어지네요. 오늘은 특히 김치전에 막걸리요. (웃음) 자, 그러면 이 외에 또 PT할 때 염두에 두는 부분이 있다면 무엇이 있을까요?

박미건:
음…. '쉽게 해야 한다!'라고 말씀드리고 싶어요.

편집자:
쉽게요?

박미건:
네, 제가 방송했을 때와 지금 PT 할 때 공통적으로 신경 쓰는 부분이 있어요.

바로, '내가 지금 쉽게 얘기하고 있나?'인데요. 누군가에게 전달하는 모든 이야기는 초등학생 아이도 알아들을 수 있을 정도로 쉽게, 이해하기 편하게 말을 해야 하기 때문이에요. 제가 라디오 할 때 TV보다 품이 더 많이 들었던 이유가 이거에요. 자막이나 화면으로 부가 설명을 할 수 없고, 오로지 청각에 의지해 정보를 얻고 방송을 듣기 때문에 라디오 할 때는 신경을 정말 많이 썼어요.

그런데 이렇게 쭉 풀어서 쉽게 얘기하다 보면 사실 멋이 없긴 해요. 전문용어를 섞어가며 해야 뭔가 '이야…. 나 멋지다.'하는 느낌이 들잖아요. 그런데 PT에서 멋이 무슨 소용이에요. 우리가 준비한 제안들을 이해시키고 다른 업체들보다 더 기억에 남도록 하는 게 중요한데.

그래서 모든 것은 쉬워야 해요. 사람들은 쉽게 다가온 것을 더 오래 기억한다는 사실을 잊으면 안 돼요.

편집자:
전문적인 용어는 이해하기 쉽게 풀어서 설명하고, 초등학생이 알아들을 수 있을 정도로 쉬워야 한다. 그래야 한 번 들어도 기억에 남는 이야기가 될 수 있다는 거죠?

박미건:
네, 하루하루 살기도 어려운데 PT에서까지 어려워야겠냐는 것이 제 생각입니다. (웃음)

편집자:
나의 말을 상대에게 각인시키는 게 쉽지 않은 일이잖아요. 프레젠터는 특히 어려운 만큼 많이 고민하고 정성을 들여야 하는 직업임을 이번 작업을 통해 저도 느끼게 되었습니다. 앞으로 프레

젠터를 꿈꾸는 분들에게 한 말씀 부탁드려요.

박미건:
프레젠터는 오랫동안 많은 사람이 노력한 결과물을 마지막에 전달하는 중요한 직업이에요. 그만큼 부담감도 크고, 해내고 나면 성취감도 정말 큰 매력적인 직업이라 생각해요. 제가 책에 담은 이야기를 읽어보시면서 '해보고 싶다, 할 수 있겠다.'라는 생각이 드셨다면 빠르게 도전해보셨으면 좋겠어요.

그리고 제가 나름의 시행착오를 겪었던 부분이기도 한데요. 하고 싶은 일과 꿈을 '프레젠터'라는 명사로 한정 짓지 않았으면 좋겠다고 말하고 싶어요.

저는 20대 초반 쇼호스트가 꿈이었는데요. 제가 후회 하는 건 왜 나는 '쇼호스트'라는 명사로 꿈을 한정 지었을까? 예요. 명사가 아닌 동사로 생각했다면 좀 더 폭넓게 다양한 경험을 할 수 있었을 거예요. 쇼호스트가 아닌 '판매하는 사람' 혹은 '남들 앞에 서는 사람'으로 폭을 넓혀 생각해보는 거죠. 더 쉽게 예를 들면 '초등학교 교사'가 아닌 '가르치는 사람'으로 폭을 넓히면 할 수 있는 일이 많을 거예요. 저는 앞에 서서 말하는 게 좋은 사람이었는데 처음 잡은 꿈이 쇼호스트여서 딱 그거밖에 보지 못했어요. 혹시 지금 취업이나 이직을 준비하고 계신다면 꼭 동사의 형태로 꿈을 그려보셨으면 좋겠어요. 넓게 보시고 더 많은 경험을 하셨으면 하고요.

저도 예전 같았으면 저를 전문 프레젠터라는 명사로 설명했을 텐데 이제는 '설득이 필요한 순간 떠오르는 사람'이라고 표현해요. 설득이 필요할 때 생각나는 한 사람이 될 수 있도록 더 열심히 해보겠습니다.

편집자:
동사의 형태로 꿈을 그려라, 저도 한번 어떤 사람이 되고 싶은지 곰곰이 생각해봐야겠습니다. 자, 그럼 끝으로 이 책 〈설득이 필요한 순간〉을 쓰시면서 어떠셨는지, 소감으로 마무리할게요.

박미건:
우선 지난 7년간의 세월을 되돌아보면서 열심히 했다는 생각, 잘 버텼다는 생각이 들어요. 글로 썼지만 저는 매 순간 어떤 PT였는지 그 당시 상황을 생생히 기억하거든요. '아 저 때는 진짜 긴장했었던 날이었는데.' 하면서요. 또, 어느새 훌쩍 성장한 저 자

신이 대견하기도 했습니다.

그리고 제일 중요한 부분인데요. 제가 오랜 시간 프레젠터 일을 할 수 있었던건 저와 함께한 동료들 덕분이에요. 그분들이 없었다면 이렇게 오래 일을 할 수도 없었을 테고, 좋은 성과도 물론 낼 수 없었을 거라 생각해요. 지금 이 시각에도 바쁘게 고객사를 찾아가며 영업하고, 또 현장에서 열심히 뒷받침해주며 일하시는 분들에게 정말 감사하다는 말을 꼭 드리고 싶습니다.

끝으로 항상 저를 적극적으로 응원해주시고, 세상에 따뜻함을 전하며 살아갈 수 있도록 힘이 되어준 가족들과 멋없는 글이 빛날 수 있도록 도와주신 출판사 식구분들께 감사하다는 말을 전하고 싶습니다. 정말 고맙습니다.

에필로그

설득이 필요한 순간

초판 1쇄 발행	2022년 8월 18일
초판 1쇄 인쇄	2022년 8월 18일

지은이	박미건
펴낸이	이장우
편집	송세아 안소라
디자인	theambitious factory
마케팅	시절인연
제작	김소은
관리	김한다 한주연
인쇄	금비pnp
펴낸곳	도서출판 꿈공장플러스
출판등록	제 406-2017-000160호
주소	서울시 성북구 보국문로 16가길 43-20 꿈공장 1층
이메일	ceo@dreambooks.kr
홈페이지	www.dreambooks.kr
인스타그램	@dreambooks.ceo
전화번호	02-6012-2734
팩스	031-624-4527

이 도서의 판권은 저자와 꿈공장플러스에 있습니다.

꿈공장플러스 출판사는 모든 작가님의 꿈을 응원합니다.
꿈공장플러스 출판사는 꿈을 포기하지 않는 당신 곁에 늘 함께하겠습니다.

이 책은 저작권법에 의해 보호받는 저작물이므로 무단전재와 무단복제를 금합니다.

ISBN	979-11-92134-21-5
정가	14,000원